D1717915

MONTIERTE
GESCHICHTEN

Anna Schober

MONTIERTE GESCHICHTEN

Programmatisch inszenierte historische
Ausstellungen

Veröffentlichungen des Ludwig-Boltzmann-Institutes
für Geschichte der Gesellschaftswissenschaften
Band 24

Jenen jungen Schwarzen, der ins Gefängnis kam, weil er gehascht, gestohlen, vergewaltigt oder einen Weißen verprügelt hatte, hielten alle für den Sohn eines höflichen schwarzen Bürgers, der die Gesetze der Kirche und des Staates respektiert; in Wirklichkeit ist dieser junge Schwarze – und das weiß er selbst sehr gut – seit dreihundert Jahren jener, der einen Weißen getötet hat, der wegen Diebstahl und Plünderung immer wieder, von Hunden gehetzt, fliehen muß, weil er eine Weiße verführte und vergewaltigte, und den man ohne Gerichtsurteil henkte; er ist einer der Anführer des Aufstands von 1804, trägt Ketten an den Füßen, die in der Mauer seiner Zelle fest verankert sind; er ist jener, der sich beugt und sich nicht beugen will. Die Regierung der Weißen hat ihm einen Vater geliehen, den er nicht kennt ...

Jean Genet, Ein verliebter Gefangener, Palästinensische Erinnerungen

Veröffentlichungen
des Ludwig-Boltzmann-Institutes
für Geschichte der Gesellschaftswissenschaften, Band 24.
Herausgeber:
Erika Weinzierl, Siegfried Mattl,
Oliver Rathkolb

ISBN 3-224-12799-6

Graphische Gestaltung: philipp+mayer
Umschlaggestaltung unter Verwendung des Fotos *Imitatio Sapiens*, 1989. *After Franz Franken II and David Teniers* von Olivier Richon, Galerie Samia Saouma, Paris.
© 1994 by J&V · Edition Wien · Dachs Verlag Ges.m.b.H. Wien
Alle Rechte vorbehalten
940821/08/1

Inhalt

Vorwort..7

I. Begriffe...9
   In-Szene-Setzen 9
   Ausstellen und Zur-Schau-Stellen...10
   Elemente und Kunstgriffe der synthetischen Ausstellungswelten 10

II. Tendenzen..15
   Inszenierung als Programm 15
      Erlebnisräume, Raumskulpturen, Gesamtkunstwerke, Dioramen.........19
   Gezählte Besuche...20
   Ausstellungsdichte 21
   Medien-Inszenierungen 22
   Kunst und Wissenschaft..25
   Didaktik des Zeigens 28
   Museologischer Diskurs...30

III. Ausstellungen als Zeitbilder 32
   Inszenierte Kultur..32
   Historischer Stoff...33
   Inszenieren – postmodern?..34
   Der öffentliche Blick 36
   Ästhetische Innovation..40
   Postmodernismus...42
      Gesellschaftliche Hieroglyphen 47
      Ästhetischer Populismus...47
      Bildersprache...49
      Hüllen 50
      Historizismus 50
      Erinnerungskultur?..51
      Mythen...51
   Der Text der Städte 52

Metafunktionen von Ausstellungen 55

    Kultur als Wirtschaftsfaktor 55

    Wirtschaft als Kultur 57

    Bühnen der Politik 57

Säkulare Sinnstiftung 60

    Kulturelles Windowshopping 62

    Symptome von Bildung 65

    Kollektive Ereignisse 67

    Re-Sakralisierung 70

IV. Oppositionen: Ironisch gebrochene Montage historischer Überreste 71

Bezugspunkte 72

    Aura – »choque« 73

    Dialektische Bilder 75

Inszenierung als Montage 78

    Der historische »Überrest« 78

    Kollisionen von Gegenständen 86

    Werkzeugobjekte, Medien und architektonischer »Überbau« 89

Popularisierung 90

Beispiele 92

    Trümmer-Schau 93

Imaginierte Welten 94

Zusammenschau 98

Anmerkungen 101

Literaturverzeichnis 118

Vorwort

Nicht mehr die Geschichtsbücher sind gegenwärtig die bevorzugten Orte des Gedächtnisses. Andere Medien, wie Filme, Videos und Computerspiele, aber auch Kulturereignisse und Stadtfeste, Museen, Archive, Dokumentationszentren und Ausstellungen nehmen sich der Geschichte(n) an.

Eines dieser Medien – die historische Ausstellung – steht im Zentrum dieser Arbeit. Sie hat in den letzten beiden Jahrzehnten eine verstärkte Aufmerksamkeit erfahren. Der sogenannte »Ausstellungsboom«, das Entstehen eigener Reflexionsbereiche – Ausstellungstheorien und das neu entstehende Wissenschaftsfeld der Museologie – zeugen davon ebenso wie jene Fülle von Zeitungs- und Zeitschriftenartikel, Feuilletons und Fernsehbeiträgen, die Ausstellungen zum Thema haben und sie als Höhepunkte einer florierenden Ereigniskultur beschreiben. Aber auch von Seiten der Kulturpolitik und des Kultursponsorings erfuhren Ausstellungsprojekte eine verstärkte Zuwendung.

In den letzten beiden Jahrzehnten ist aber nicht nur die Zahl der Ausstellungen und das Ausmaß ihrer diskursiven Reflexion gewachsen. Auch die Art und Weise, wie sie Geschichte(n) präsentieren, hat sich verändert: Ihre Inszenierungen wurden immer häufiger zum Programm erhoben.

Diese Arbeit macht die Präsentationsästhetik historischer Ausstellungen zu ihrem Angelpunkt. Dabei wird versucht, im Auge zu behalten, was ästhetische Verfahren in Verknüpfung mit Inhaltlichem, eine Verknüpfung auf die jede Geschichtspräsentation hinausläuft, den Besuchern und Besucherinnen einer Ausstellung vermitteln.

Ausstellungskonzeptionen und ihre Umsetzungen werden diskutiert, Tendenzen aufgezeigt und mit einem breiten Feld von Fragen in Beziehung gebracht: der gesellschaftliche und kulturelle »Rahmen« von Ausstellungen wird aufgezeigt, das Wahrnehmungs- und Kommunikationsverhalten sowie die soziale Herkunft und die Bildungs-, Geschlechts- und Altersstruktur ihres Publikums werden diskutiert.

Inszenierte Ausstellungen werden häufig als »Effekthascherei«, »Amüsierbetrieb« oder »Disneyland« abgeurteilt. Diesen Pauschalangriffen möchte diese Arbeit mit dem Anspruch entgegentreten, Differenzen zwischen den verschiedenen Inszenierungsentwürfen herauszuarbeiten.

Grundsätzlich ist zu den Quellen dieser Arbeit anzumerken, daß Ausstellungen flüchtige Medien sind. Sie sind, einmal abgebaut, meist verschwunden: Inszenierungen werden nur selten abfotografiert, auf Video aufgenommen oder schriftlich dokumentiert. Auch in den Ausstellungskatalogen wird die Ebene der Präsentation selten dokumentiert oder interpretiert. Diese Arbeit stützt sich daher hauptsächlich auf Ausstellungstheorien, allgemeine Literatur zu diesem Thema, veröffentlichte Interviews und Erfahrungsberichte von Ausstellungsgestaltenden sowie Fotos.

Bei Dr. Karl Stuhlpfarrer, Mag. Gerlinde Hauer und Dr. Siegfried Mattl möchte ich mich für die hilfreichen Hinweise und ihre Unterstützung bedanken.

I. Begriffe

IN-SZENE-SETZEN

Der Begriff »Inszenierung« leitet sich etymologisch vom Wort »*Szene*« ab, das eine »*kleine Handlungseinheit*« oder einen »*Schauplatz*« bezeichnet. Er wurde im 18. Jahrhundert aus dem Französischen »*scène*« entlehnt. Ursprünglich stammt er vom lateinischen »*scena*«/«*scaena*« ab, das die »*Bühne des Theaters*« bezeichnet.[1]

Ähnlich dem französischen »*mis en scène*« bedeutet »Inszenierung« soviel wie »*Auf-die-Bühne-Gebrachtes*«. Damit ist klar, daß »Inszenierung« aus dem Bereich des Theaters, des Kabaretts, der Oper und des Films stammt. Die Tätigkeit des Inszenierens umfaßt alle Verrichtungen, die damit zusammenhängen, ein Stück auf die Bühne zu bringen oder einen Film zu machen: das technische und künstlerische Vorbereiten, Gestalten und Leiten von Aufführungen und Dreharbeiten. »Inszenieren« bedeutet damit, etwas – im Theater einen Text – zu visualisieren und für die Bühne umzusetzen.[2] Die Umsetzung eines Stoffes – seine Inszenierung – enthält immer auch, einen bestimmten Blickwinkel auf den ursprünglichen Text herauszustellen und zu präsentieren. Stücke werden öfter auf die Bühne gebracht, und jedesmal wird uns eine andere Interpretation vorgeführt. »Inszenieren« enthält damit immer auch ein visualisierndes »*Deuten*« und »*Interpretieren*«.

Seit wann »Inszenierung« und »Inszenieren« für die Tätigkeiten des Zur-Schau-Stellens in Ausstellungen verwendet werden, ist nicht ganz klar. Es dürfte sich dabei aber um eine relativ neue Wortübernahme handeln. So schreibt beispielsweise Viktoria Schmidt-Linsenhof, daß 1972 in der Praxis von historischen Museen und Ausstellungen diese Begriffe noch nicht aufgetaucht seien.[3]

Gegenwärtig wird »Inszenierung« auch für das »In-Szene-Setzen« verschiedener anderer Bereiche verwendet – beispielsweise für das der Werbung, der Medien und der Architektur. Warum inszeniert wird, kann unterschiedliche Gründe haben: Werbefirmen, Straßenverkäufer und Auslagengestalter machen es, weil das Interesse besteht, die in Szene gesetzten Produkte zu verkaufen. In der Wohnzimmervitrine wird inszeniert, was gefällt und »was man hat«. Die Basisbewegungsaktivistin drapiert Transparente, Poster, Bücher, Flugblätter und Aufstecker, weil sie auf etwas aufmerksam machen will. In all diesen Fällen wird »in-Szene-gesetzt« und immer hat es mit »Zeigen« und »Zur-Schau-Stellen« zu tun.[4]

AUSSTELLEN UND ZUR-SCHAU-STELLEN

Auch Austellungen zeigen und stellen zur Schau. »Mostra«, das italienische Wort für Ausstellung, kommt von »mostrare«, »zeigen«. Die lateinischen Begriffe »exhibeo« und »exponere« haben im Deutschen die Bedeutungen »ausstellen«, »auslegen«, »offen hinstellen«, »zur Schau stellen«, »preisgeben«, »darlegen«, »erörtern«, »sehen und erkennen lassen«. Die Wurzel ist immer dieselbe: etwas vor anderen plazieren, zusammenstellen, in die Öffentlichkeit bringen.[5] »Ausstellen« impliziert damit, etwas einem Urteil, einer Diskussion auszusetzen.[6] Auch genealogisch ist ein Zusammenhang zwischen Ausstellungen und »Zur-Schau-Stellung« ablesbar. So leitet Walter Benjamin Ausstellungen von der Schausteller- und Jahrmarktskultur ab.[7] »Inszenieren« und »Ausstellen« sind somit in ihrer Grundbedeutung verwandte Begriffe. Die Kunst der Gestaltung, des »In-Szene-Setzens«, durchzieht die Geschichte von Ausstellungen. Ihre Form – der Präsentationsstil – ändert sich jedoch.

Faßt man den Begriff »Inszenierung« jedoch so weit, daß er jede Plazierung und Konfiguration mit anderen Objekten und jeden Einsatz von Licht, Farbe, und Sockel beinhaltet, wird der Terminus überdehnt und sein Informationsgehalt sinkt. Das Konzept Inszenierung, das programmatische Inszenieren in Ausstellungen, das den Untersuchungsgegenstand dieser Arbeit darstellt, muß somit deutlich enger gefaßt und charakterisiert werden. Auch wenn in Ausstellungen der Anordnung der Objekte und ihrer Gestaltung immer schon große Aufmerksamkeit zukam, ist es notwendig, programmatisch inszenierte Ausstellungen von früheren Präsentationsformen zu unterscheiden, auch wenn eine eindeutige Grenzlinie nicht festlegbar ist.[8]

ELEMENTE UND KUNSTGRIFFE DER SYNTHETISCHEN AUSSTELLUNGSWELTEN

Ausstellungen können als Konfrontationen zweier Welten bezeichnet werden: Eine »*reale Welt*« außerhalb des Ausstellungsbereiches ist von einer »*synthetischen Welt*« in ihrem Inneren deutlich zu unterscheiden. Denn Ausstellungen sind Codes zu eigen, die eine solche deutliche Unterscheidung ermöglichen.[9]

Inszenieren bezeichnen Horst Rumpf und Elke Schmidtpeter als »*Rahmungsarbeit*«. Dabei sind zwei Kategorien von Rahmen zu unterscheiden.

»Rahmen« ist einmal – ähnlich den Bilderrahmen – jenes *»Arrangement von Hilfsmitteln räumlicher, konfigurativer, gestischer und verbaler Art«*[10], das als Schutz von Objekten und als Mittel ihrer optischen Präsentation dient. Sie umgrenzen und umranden sie und weisen ihnen einen Platz innerhalb einer Ausstellungssituation zu.[11]

Die andere Kategorie meint »Rahmen« im übertragenen Sinn – eine Meta-Ebene geistiger bzw. sprachlicher Natur. Die Inszenierung als ganze bildet somit auch einen Rahmen der Meta-Ebene, der vom Inszenator festgelegt wird und mit Objekten bestückt wird. Solche Objekte können, müssen jedoch nicht, historische Überreste – sogenannte »Originale« – sein.[12]

Beide Arten von Rahmen werden für Inszenierungszwecke in Ausstellungen verwendet. Sie rücken dabei immer etwas anderes als sich selbst – beispielsweise einen Gegenstand, ein Bild oder eine Aussage – in das Blickfeld der Betrachtenden.[13]

Das Zusammenspiel dieser Rahmen strukturiert die *»Sprache der Objekte«*[14], aber auch die *»Gebärde der Aufmerksamkeit«* der Besucher und Besucherinnen. Es lockt *»bestimmte Arten der Einordnung, der Erklärung, der Wertung hervor«* und fordert vom Publikum *»bestimmte Gesten der Annäherung, der Verarbeitung, der Verabschiedung«*.[15]

Um Inszenierungen besser beurteilen und beschreiben zu können, müssen wir die einzelnen Rahmungsmittel unter die Lupe nehmen.

Historische Überreste

Inszenierungen historischer Ausstellungen können, müssen aber nicht unbedingt »Originalobjekte«, sogenannte »Überreste« verwenden. Damit sind historische Gegenstände aller Art, vom Gebrauchsgegenstand bis zum kultischen Objekt gemeint, aber auch schriftliche Dokumente und Kunstwerke. Was kennzeichnet nun aber jene Überreste, die wir als Exponate in historischen Ausstellungen treffen und von denen behauptet wird, daß sie »authentisch« seien?

Sie sind in den Depots, Archiven, Museumsschausammlungen und Ausstellungen aus ihrem ursprünglichen Kontext herausgelöst – beispielsweise aus politisch-repräsentativen oder kultisch-religiösen Gebrauchs- und Vorstellungzusammenhängen.[16] Mit dieser Vereinzelung und Isolierung aus dem ehemaligen Kontext treten die ursprünglichen Funktionen eines Gegenstandes und darüber hinaus seine Eigenschaft, Funktionen zu haben, in den Hintergrund. Die Form des Objektes tritt in den Vordergrund. Diese *»Dominanz der Phänomenalität der Dinge«* begünstigt eine rein ästhetische Betrachtungsweise.[17]

Die Erhaltung und »Endlagerung« eines Gegenstandes in Depots, Archiven und Schausammlungen der Museen ist aber immer auch mit seiner Neubewertung verbunden. Objekte, die wir in Ausstellungen treffen, werden meist dann

neu »bedeutet«, wenn sie in einer Wissenschaftsdisziplin Gegenstand der Forschung werden. Eine neue Bedeutung wird ihnen damit »zudiktiert«.[18] Ein Gegenstand verliert somit in dem Maße, wie er aus seinem Gebrauchs- und Funktionszusammenhang gelöst wird, seinen »authentischen Charakter«. In gleichem
Maße tritt sein autonomer, formaler und ästhetischer Charakter in den Vordergrund. Was bleibt, ist die Erinnerung daran, daß der Gegenstand einmal eine
Funktion, einen Gebrauchswert gehabt hat.[19] Diese können die Betrachter dem
Gegenstand allein allerdings genausowenig entnehmen, wie jenes »Wissen«, das
einzelne Wissenschaftsdisziplinen mit ihm verknüpften.

Die »Authentizität« von historischen Objekten in Ausstellungen kann somit
nur eine Behauptung sein, die über die Art der Präsentation sowie über die Beschriftung getroffen wird. Werden vom Ausstellungsmacher Objekte in seine
Präsentationsidee aufgenommen, so positioniert er sie üblicherweise so, daß ein
Aussagengefüge entsteht, welches auf der Echtheit der Objekte als Dokumente,
als Zeitzeugen, beruht.[20] *Dabei bleibt für den Besucher im allgemeinen ver-
deckt, daß das ›Original‹ ein Museumskonstrukt ist, das erst durch die das Objekt
interpretierende Art der Präsentation in einer Ausstellung (...) entsteht.*[21]

Werkzeugobjekte

In historischen Ausstellungen wird aber auch mit anderen Materialien gearbeitet,
die als »Werkzeugobjekte« beschreibbar sind. Dazu gehören Vitrinen, Sockel,
Schrifttafeln, Beleuchtungskörper, Stellwände, Textfahnen, Tücher, Bühnen und
alle anderen materialen Objekte, die nicht als historische Originale ausgewiesen
sind. Diese verschiedenen »Werkzeugobjekte« bilden zusammen ein System, das
eine Grenzlinie zwischen der »wirklichen Welt«, in der man Gegenstände berühren, aus der Nähe betrachten und anfassen kann, und der »synthetischen Welt«
der Ausstellung sichtbar macht.[22] Vitrinen hindern den Besucher beispielsweise,
einen alten Lederstiefel anzufassen und die durch das glatte Leder suggerierten
taktilen Qualitäten zu überprüfen.

Kunstgriffe

Inszenierungen setzen aber auch andere Mittel ein, die als »*Rhetorikfiguren*«[23]
bezeichnet werden. Damit sind beispielsweise Brüche in der Aneinanderreihung
von Gegenständen, das Arbeiten mit Kontrasten, Wiederholungen, Abstand und
Annäherung, Anhäufungen, Leerstellen und Ruhe, Wirrwarr und Ordnung
sowie Steigerungen gemeint. Ausstellungen konstruieren Zusammenhänge und
nehmen Wertungen und Gewichtungen vor, indem sie Gegenstände in einer bestimmten Weise zueinander in Beziehung setzen.[24] Dieses In-Beziehung-Setzen
mit Begriffen der Rhetorik zu benennen ist jedoch mit einigen Schwierigkeiten
verbunden. Denn die Figuren der Sprache können nicht einfach auf andere Be-

reiche projeziert werden. Eine auf alle Zeichensysteme und somit auch auf Ausstellungen übertragbare Rhetorik ist jedoch ein so gut wie unerforschtes Gebiet.[25]

Eine ganz grundsätzliche Hypothese der Autoren der »Allgemeinen Rhetorik« ist aber auch auf Ausstellungen übertragbar. Sie besagt, daß »rhetorische Effekte« immer Abweichungen von einer Norm, einer »Nullstufe« darstellen.[26] Der Bezug Norm – Abweichung produziert somit eine rhetorische Wirkung. Diese besteht darin, daß eine Erzählung opak wird, d. h., daß sie zuerst sich selbst und dann erst eine Bedeutung zeigt. Die Aufmerksamkeit wird damit auf die Nachricht selbst gelenkt. Die rhetorische Abweichung, die Verletzung der Norm, ist jedoch nie systematisch, sondern immer überraschend. Sie bewirkt eine Enttäuschung der Konventionen und Erwartungen, löst aber auch Faszination aus.[27]

Immateriale Medien

Neben diesen »Werkzeugobjekten« und den unterschiedlichen Formen des In-Beziehung-Setzens der Gegenstände werden in Ausstellungsgestaltungen aber noch sogenannte »immateriale Medien« eingesetzt. Dazu gehören beispielsweise Licht, Ton, Geräusche, Wärme und Kälte. Diese Medien strukturieren unabhängig von ihrem Inhalt unsere Sinneswahrnehmung, sind also selbst »Botschaften«.[28] Licht ist beispielsweise »Information ohne Inhalt« und ein einfacher Punktstrahler genügt, um die Dramatik einer Inszenierung zu erhöhen. Das elektrische Licht schafft »Raum ohne Wände«. In der Sprache der Bühnentechnik existiert deshalb auch der Ausdruck »Malen mit Licht«.[29]

Aber auch elektronische Medien, wie Videos, Filme, Tonband- und Computersysteme, sowie Diaserien werden in letzter Zeit verstärkt in Ausstellungen eingesetzt und bringen ihre je eigenen medialen Qualitäten in die Inszenierung ein.[30]

Architektur

Die architektonische Gestaltung einer Ausstellung ist ein wesentliches Element ihrer Inszenierung. Zu ihr gehören einmal der Ort und das Gebäude der Zur-Schau-Stellung. Denn es macht einen deutlichen Unterschied für ihre Botschaft, ob eine Ausstellung in einer Jugendstilvilla, in einem mehrstöckigen bürgerlichen Museumsbau oder in einer Fabrikshalle präsentiert wird.[31] Ebenso bedeutend ist der Umraum, der gewählt wird: ob im Stadtzentrum vis-à-vis von anderen Repräsentationsbauten oder in Außenbezirken, Wohnsiedlungen oder auf Fabriksgeländen. Mit der Wahl des Ausstellungsortes ist schon einen Schritt weit festgelegt, welches Publikum man in erster Linie ansprechen möchte. Die Architektur eines Ausstellungsgebäudes, aber auch die Inszenierung des Außenbereiches einer Ausstellung prägen ihr Erscheinungsbild gegenüber dem Stadtraum und damit gegenüber der Öffentlichkeit.[32]

Aber auch in dem von der Architektur umschlossenen inneren Bereich einer Ausstellung strukturiert diese die Raum- und Zeiterfahrung der Besucher und Besucherinnen, visualisiert leitende Ideen und bildet ihren inhaltlichen und ästhetischen Rahmen. Sie ist damit Teil ihrer »*heimlichen Didaktik*«.[33]

Ausstellungsinszenierungen sind meist »*in der Zeit erstarrt*«. Sie sind damit, wie die Architektur, von Simultaneität gekennzeichnet, und nicht, wie andere Medien der visuellen Kommunikation, beispielsweise das Theater oder der Film, von Sukzession. Das bedeutet, daß die Gesamtheit der Informationen simultan erfolgt, nicht Wort für Wort hintereinander wie in der Sprache. Obwohl Architektur sich dem Betrachtenden nur langsam erschließt, sind gleichzeitig mit dem Ganzen immer schon alle Teile präsent, selbst die geringsten. Architektonische Kommunikation kommt somit durch Integration zustande, durch das In-Beziehung-Setzen der Einzelaussagen zu einer Gesamtbotschaft.[34]

Das Zusammenspiel dieser Rahmungsmittel macht eine Inszenierung aus. Sie können in unterschiedlicher Weise eine Ausstellung dominieren und in verschiedenste Konstellationen zueinander gesetzt werden.

II. Tendenzen

INSZENIERUNG ALS PROGRAMM

Für die Ausstellungstätigkeit der vergangenen zwei Jahrzehnte kann eine Tendenz zum bewußten und programmatischen Inszenieren historischer Ausstellungen, zum Arbeiten mit »Bildern«, festgestellt werden.[1] »In-Szene-gesetzt« wird jedoch in jeder Ausstellung. Was unterscheidet nun das Konzept Inszenierung von anderen Formen des Zur-Schau-Stellens, und ab wann wird es zum dominierenden Ausstellungsprinzip?

Die Einführung der Begriffe »Inszenierung«, »Konzept Inszenierung« und »programmatisches Inszenieren« in die Praxis des Ausstellens und ihre diskursive Reflexion signalisiert eine geänderte Perspektive. Diese zeigt sich schon daran, daß der Begriff »Inszenierung« einem anderen kulturellen Bereich – dem Theater – entliehen ist.[2] Ausstellungsgestalter und -gestalterinnen heben gegenwärtig ihre Produktionen bewußt von Präsentationsformen ab, die in den sechziger Jahren und Anfang der siebziger Jahre dominierten und die entweder von einem geschlossenen Textgebäude oder vom überhöhten Einzelstück ausgingen.

Die eine Form – so lautet der Vorwurf heute[3] – macht Ausstellungen vergrößerten, ins Dreidimensionale umgesetzten und aufgestellten Büchern ähnlich. Dabei wird die Abwicklung der Ausstellung von einem Text vorgegeben, der dann mittels Objekten, Reproduktionen und Nachbauten »belebt« wird. Für Exponate, die auf diese Weise verwendet werden, prägt Korff (nach Chantalle Martinet) den Ausdruck »Alibi-Objekte«. Die Exponate werden in eine Struktur eingefügt, die unabhängig von ihren eigenen Bedeutungsmöglichkeiten entwickelt wurde – sie werden als Dekoration oder als Illustration verwendet.[4]

Die andere Gestaltungsform geht zwar vom musealisierten Objekt aus, dieses wird jedoch vereinzelt, von jedem Funktionszusammenhang abgelöst und isoliert präsentiert und bleibt damit nur mehr rein ästhetisch erfahrbar. Mit einer solchen Präsentationsform wird dem Publikum eine historische Verortung des Präsentierten unmöglich gemacht. Dieses Gestaltungsschema wird unterschiedslos auf historische Kunstwerke, Gebrauchsgegenstände, Reliquien, sakrale Ge-

15

genstände usw. angewandt, so daß die verschiedenen gesellschaftlichen Bezüge des Gezeigten nivelliert werden.[5]

Diese Konzeptionen werden mehr und mehr von programmatischen Ausstellungsinszenierungen abgelöst, die das Publikum mit bildhaften Arrangements und einem künstlerischen Umgang mit den Objekten, der vom einfachen Zusammenkomponieren bis zu allegorischen Darstellungen reichen kann, ansprechen und verführen wollen. Die Mittel der Inszenierung – Raum und Architektur, Licht, Farbe, Ton und Geräusche sowie Filme, Videos und »rhetorische« Kunstgriffe – werden bewußt und experimentell eingesetzt. Dabei wird die Grenzlinie gegenüber Inszenierungsformen der bildenden und darstellenden Kunst verwischt. Die inszenierten »Bilder«, mittels derer eine Ausstellung über einen bestimmten Themenkreis »spricht«, sind somit immer mehrdeutig und vielschichtig.[6]

Eine grundsätzliche Nähe zwischen den Inszenierungen des Theaters und denen von Ausstellungen wird immer wieder betont.[7] Denoch besteht ein wichtiger Unterschied: Ist die Theaterinszenierung immer auch durch die Darstellung von Handlung gekennzeichnet und damit von Sukzession, so fällt dieser »*Part des ›Lebendigen‹*« in Ausstellungen meist weg. Sie sind »*in der Zeit erstarrt*« und ähneln damit den »(Bühnen-)Bildern«.[8]

Teilt man das Inszenieren im Theater in zwei Teile – in die Leitung eines »lebendigen Apparates«, d. h. in die Regie, und in die eines »toten Apparates«, der alles, nicht von »Lebendigkeit« Gekennzeichnete beinhaltet, so hat man in Ausstellungen meist mit letzterem zu tun. Man kann diese beiden Tätigkeitsfelder auch als statische und dynamische Komponenten des Inszenierens bezeichnen. Im Theater bildet die Statik meist den Hintergrund für die im Vordergrund stehende Handlung. Sie tritt in Ausstellungen deshalb in den Vordergrund, weil die »Hauptdarsteller« in den meisten Fällen nicht agierende Schauspieler, sondern die – selbst statischen – Exponate sind. In gegenwärtigen Ausstellungsprojekten wird zwar manchmal ein dynamisches Moment hineingetragen, beispielsweise durch Medieneffekte oder durch »scientific theater«. Bewegliche Modelle, sprechende Puppen oder Aktionsszenen mit menschlichen Darstellern stellen jedoch noch immer eher die Ausnahme als die Regel dar.[9]

Austellungsinszenierungen liegt zudem meist kein fest umrissener Spieltext zugrunde. Ihre Vorlagen können – müssen jedoch nicht – historische Quellen, wissenschaftliche Untersuchungen, Abhandlungen oder Studien sein. Die Grundintention der Theaterinzenierung – der »*Transport von Bedeutung*« – bleibt jedoch auch in Ausstellungsinszenierungen aufrecht.[10]

Ein anschauliches Beispiel, das die Andersartigkeit der Inszenierungen der achtziger Jahre gegenüber Präsentationsformen der frühen siebziger Jahre deutlich macht, bietet das unterschiedliche In-Szene-Setzen ein und desselben Gegenstandes in diesen beiden Zeiträumen.

Beispiel 1

Es handelt sich um eine »Bombe«, die im Historischen Museum in Frankfurt bei den Ausschachtungsarbeiten für den Museumsneubau gefunden wurde. Sie wird jedoch als musealisiertes Objekt und daher nicht als Bombe, sondern als entschärfte Hülle vorgeführt. Ab 1972 war sie in der ersten Präsentation des Historischen Museums, in der Abteilung »Zerstörung Frankfurts im Zweiten Weltkrieg« zu sehen (Abb. 2).

Sie wurde auf einem neutral gehaltenen Objektträger, einem flachen und mit Rupfen bespannten Sockel, präsentiert. Hinter ihr waren, immer durch den selben Abstand voneinander getrennt, drei hohe, schmale und quaderförmige Sockel aufgereiht, auf denen Büsten von Nazi-Größen plaziert waren. Diese Inszenierung schloß auf der linken Wandseite eine durchnumerierte Stellwandreihe ab, auf der Fotos vom brennenden Frankfurt in Verbindung mit Textinformationen ausgestellt waren. Dieses genormte Stellwandsystem, das auf inhaltliche Neutralität ausgerichtet war, zog sich durch alle Schauräume und prägte deren einheitliches Erscheinungsbild. Die Präsentation zielte auf Sachlichkeit und Distanz. Zweidimensionale Schrifttafeln, vereinzelte Objekte und der rechte Winkel dominierten. Dieser Präsentationsstil unterstrich die Intention der Verantwortlichen, einen explizit didaktisch organisierten und effizienten Lernort zu schaffen. Die Besuchenden wurden in dieser Konzeption vor allem als Objekte eines Lernprozesses behandelt.[11]

Ab 1976 bewegten sich die Mitarbeitenden im Historischen Museum Frankfurt von diesem Präsentationsstil weg. Nach der Umgestaltung des Museums 1980 wird dieselbe »Bombe« in der Abteilung »20. Jahrhundert« vollkommen anders präsentiert (Abb. 3).

Sie liegt nun schräg in einem arrangierten Trümmerhaufen aus Steinen und Holzstangen. In diesen Trümmerhaufen sind zwei Vitrinen eingefügt. Die eine enthält ein Teeservice, das vom Bombenfeuer eingeschmolzen wurde, die andere das Paket einer Frau an einen Frontsoldaten, das 1944 zufällig nicht mehr abgeschickt wurde. Im Hintergrund des Arrangements steht eine die Größe der gesamten Inszenierung aufnehmende Fototafel, auf die der enorm vergrößerte Ausschnitt einer unmittelbar nach einem schweren Bombenangriff entstandenen Fotografie tapeziert wurde. Auf dieser sieht man eine Frau im Luftschutzanzug in einem Trümmerfeld stehen.

Dieses Environment intendiert nun, »(...) *die verheerenden Auswirkungen der Bombe – die man ihr nicht ansieht – nicht nur im Text zu nennen, sondern zum primären visuellen Signal der Ausstellungseinheit zu machen.«*[12] Die Faszination einer Bombe, ob sie ästhetischer, technischer oder anderer Art ist, kann – so die Meinung der Verantwortlichen 1982 – nicht allein durch rationale Information in Form von Texten relativiert werden. An diesem Punkt wird in der Neuinszenierung angesetzt. Die Gestaltenden versuchen nun, die Faszination der »Bombe« auch auf der Ebene der Inszenierung zu hinterfragen, indem sie ihre zerstörenden Wirkungen ins inszenierte Bild aufnehmen.[13] Sie wollen die Betrachtenden vor allem auf der visuellen und emotionalen Ebene ansprechen und das Einbringen »*emotional-erinnernder, privater historischer Phantasien*«[14] ermöglichen. Das Publikum soll nun nicht mehr mittels Text-Objekt-Arrangements belehrt, sonders mittels Inszenierungen emotional stimuliert werden. Als geschichtsdidaktische Prämisse für die Gestaltung der Schauräume galt nun die »*Offenheit*« der historischen Interpretation.[15]

Schmidt-Linsenhof beschreibt die Veränderung des Präsentationsstils des Historischen Museums Frankfurt am Main als Übergang »*vom historischen Informationszentrum zum inszenierten Erfahrungsraum*«.[16] Dies ist beispielhaft für den Wandel im Gestalten historischer Szenarien in den späten siebziger Jahren, auch wenn das Historische Museum in Frankfurt mit seiner explizit didaktischen Orientierung 1972 sicherlich einen Sonderfall darstellte. Sein Präsentationskonzept beschränkte sich jedoch auf durch Fotoreproduktionen und sachlich ausgestellte vereinzelte Objekte aufgelockerte Textinformationen. Dies rückte es in die Nähe anderer Präsentationen, die ebenfalls von einer geschlossenen Textstruktur und nicht von visuell angelegten Bildwelten oder von den Exponaten ausgingen.

Den Wechsel von einem solchen textdominierten zu einem bewußt inszenierten Präsentationsstil datiert Schmidt-Linsenhof für das Historische Museum in Frankfurt zwischen 1976 und 1982. In diesem Zeitraum fällt auch die Berliner Ausstellung »Preußen, Versuch einer Bilanz« (1981), die häufig als eine der ersten Ausstellungen der Nachkriegszeit beschrieben wird, in der das »Konzept Inszenierung« in das Zentrum der Präsentation gestellt wurde. Das Programmatische an der Inszenierung dieser Ausstellung wurde besonders auch dadurch hervorgehoben, daß diese in einem Katalog beschrieben und als ästhetische Ebene für die Besuchenden interpretiert wurde.[17]

In Frankreich tauchen bewußt inszenierte historische Präsentationen schon etwas früher auf als in der deutschen Praxis und Reflexion, die seit dem 19. Jahrhundert in einer Tradition der Geschichtswissenschaft steht, die versuchte, die ästhetische von der historischen Welt zu trennen. Dagegen ist die französische Ausstellungs- und Museumsentwicklung stärker von einer kulturhistorischen Tradition geprägt, in der Ästhetisches und Historisches vereint sind.[18] So überraschte beispielsweise das »Musée des Arts et des Traditions populaires (ATP)« in Paris schon Anfang der siebziger Jahre mit bewußt inszenierten Präsentationsformen, die kultur- und mentalitätsgeschichtliche Fragestellungen zum Inhalt hatten.[19]

Mit dem bewußten Inszenieren historischer Ausstellungen ging – wie viele der seither durchgeführten Ausstellungsprojekte zeigen – auch eine thematische

Neuorientierung einher: Kunst- und Kulturgeschichte haben gegenüber den vorher bevorzugten ereignis- oder personengeschichtlichen Themen Konjunktur.[20] Ein Grund dafür ist sicherlich die seit den sechziger und siebziger Jahren erfolgte Erweiterung der Geschichtswissenschaft durch die Mentalitäts-, Sozial- und Kulturgeschichte.[21]

Neben Frankreich gibt es auch in Italien und in der Schweiz schon seit Anfang der siebziger Jahre inszenierte Ausstellungen. Die beispielsweise von Harald Szeemann gestalteten Geschichtspräsentationen zeigen auch, wie eng das programmatische Inszenieren mit den verschiedensten Bereichen und Strömungen der bildenden Kunst verknüpft sind.[22]

Das Konzept Inszenierung ging somit – regional unterschiedlich – seit den siebziger Jahren in die Praxis des historischen Ausstellens und in deren museologische Diskussion ein.

Erlebnisräume, Raumskulpturen, Gesamtkunstwerke, Dioramen

Das Spektrum von programmatisch inszenierten Ausstellungen ist äußerst vielfältig. Ein Konzept Inszenierung, als Modell für alle, gibt es nicht. Allen gemeinsam ist jedoch, daß sie sich von früheren Präsentationsformen unterscheiden und daß somit weder Texttafeln noch vereinzelt und isoliert ausgestellte Exponate die Präsentation beherrschen.

Folgende Typen des Konzeptes Inszenierung können unterschieden werden:[23] Einmal werden Ausstellungen als Gesamtkunstwerke verstanden, in denen historische Objekte als »Originale« präsentiert und zu neuen Ideenzusammenhängen verbunden werden. Diese sollen den Gesamteindruck der Ausstellung dominieren. Ein Beispiel für diesen Typ ist die Ausstellung »Die Junggesellenmaschine«, die Harald Szeemann 1975 gestaltete.[24]

Im zweiten Fall werden historische Überreste und Situationen für die Betrachtenden so inszeniert, daß der neue, mittels Werkzeugobjekten, immaterialen Medien und der Architektur geschaffene Kontext gegenüber den Exponaten dominiert. Beispiele für solche Ausstellungen sind »Traum und Wirklichkeit« (Wien 1984) und »i celti – la prima Europa« (Venedig 1991).

Als dritte Gestaltungsform können sogenannte szenische Ausstellungen beschrieben werden, in denen radikal auf Originale und Dokumente verzichtet wird. Diese Inszenierungen greifen am stärksten Stilmittel des Theaters und der Bühnenbildnerei auf, arbeiten mit Licht- und Toneffekten und verzichten auf einen explizit historisch-interpretierenden Kontext. Sie gestalten *Erlebnisräume* bzw. *Raumskulpturen*, deren Interpretation den Besuchenden überlassen wird, die als Akteure »auftreten«. Die Ausstellung »A.E.I.O.U.« (Stein an der Donau, 1985) wurde auf diese Weise gestaltet.[25]

Eine weitere Präsentationsform stellt der Versuch dar, detailgetreue Rekonstruktionen historischer Szenarien zu erstellen. Sie ähneln den Dioramen der kulturhistorischen Museen des 19. Jahrhunderts. Diese Präsentationsform ist vor allem in sogenannten Heimat- und Freilichtmuseen noch gängig. Sie erlebt aber in der gegenwärtigen Ausstellungspraxis so etwas wie eine – zum Teil vollautomatisierte – »Renaissance«.[26] Mittels Nachbildungen, die mit vielen Originalen und Details angereichert werden, wird versucht, einen »Schein historischer Wahrheit« zu vermitteln.[27] In Ausstellungen wird gegenwärtig häufig auch intendiert, solche *detailgetreuen historischen Szenarien* zwar zu arrangieren, jedoch mittels Verfremdungseffekten ihren artifiziellen Charakter hervorzustreichen.[28]

Diese vier Typen sind in der Praxis kaum jemals in Reinform umgesetzt zu finden. Denn ein Charakteristikum des Konzepts Inszenierung liegt im Experimentieren, im Suchen nach »Bildern« für einen historischen Sachverhalt.

Es hat auch früher schon Ausstellungen gegeben, von denen man rückblickend behaupten könnte, sie hätten Inszenierungen zum Programm erhoben. So gestaltete beispielsweise der konstruktivistische Künstler und Architekt El Lissitzky Ende der zwanziger Jahre Ausstellungen als riesige, inszenierte Environments.[29] Neu an der Entwicklung der letzten 20 Jahre ist jedoch das geballte und in den westlichen Industrieländern durchgängig zu beobachtende Auftreten explizit inszenierter Ausstellungen.

Dabei bleibt jedoch zu klären, welche ästhetische Dominante diesen Inszenierungen innewohnt; und wie sich diese mit Inszenierungen anderer gesellschaftlicher Bereiche, etwa dem der Medien, der Politik, der Architektur oder der Produktwerbung, verbindet. Eine Zusammenschau mit diesen Bereichen werde ich im zweiten Teil dieser Arbeit verfolgen. Zuvor lohnt es sich aber noch, andere Tendenzen des gegenwärtigen Ausstellungsbetriebes unter die Lupe zu nehmen, die gleichzeitig mit dem Konzept Inszenierung auftreten.

GEZÄHLTE BESUCHE

Parallel zum Inszenierungstrend orientierten seit dem Ende der siebziger Jahre Ausstellungsmanager ihre Produktionen auf hohe Besucherzahlen.

Ein Beispiel dafür ist die Stuttgarter Staufer-Ausstellung von 1977, die als eine der ersten Nachkriegsausstellungen in ihrer inhaltlichen Konzeption und im Präsentationsstil auf ein großes Publikum ausgerichtet war.[30]

Ihr folgte eine Reihe von großen kulturhistorischen Ausstellungen, die auf möglichst viele Besucher und Besucherinnen spekulierten. Diese trafen auch ein:

So stieg beispielsweise die Zahl der Besucher der österreichischen Bundesmuseen von 1,647.083 (1975) auf 3,464.447 (1989). Im selben Zeitraum stieg die Zahl der von ihnen durchgeführten Ausstellungsprojekte von 75 (1975) auf 131 (1989).

	Gesamtzahl der Besuche	durchgeführte Ausstellungsprojekte
1975	1,647.083	75
1980	2,337.377	115
1985	2,825.010	131
1989	3,464.447	131[31]

Dieser Zuwachs der gezählten Besuche ist, laut Jahresberichten der Bundesmuseen, vor allem auf die durchgeführten Großausstellungen zurückzuführen. So wurden allein für die Ausstellungen »Echnaton, Nofretete, Tut-anch-Amon« (Kunsthistorisches Museum 1975) 80.000, »Maria Theresia und ihre Zeit« (Schönbrunn 1980) 530.000 und die »Dinosaurier«-Ausstellung (Naturhistorisches Museum 1989) 531.000 Besuche gezählt.[32]

Die Legitimationsstrategie von Großausstellungen hat sich von inhaltlichen Aspekten auf die Besucherzahlen verlagert. Die Quantität der gezählten Besuche wiegt bei Kulturpolitikern und -politikerinnen sowie bei den Sponsoren meist schwerer als die Qualität der inhaltlichen Auseinandersetzung und der Unterhaltung. Allein von möglichst vielen gezählten Besuchen leiten sie eine Demokratisierung der Kultur ab.[33]

Die gezählten Besuche sagen jedoch noch nichts darüber aus, wer wirklich kommt, d. h. ob unter einem großen Publikum Menschen unterschiedlicher sozialer Schicht, Altersgruppe und verschiedenen Geschlechts, Schulklassen oder Städtetouristen und -touristinnen zu vermuten sind.[34]

Die soziale Zusammensetzung des Ausstellungspublikums wird gegenwärtig ebenso diskutiert[35] wie die grundsätzliche Frage, ob die Orientierung auf hohe Besuchszahlen einfach als »Populismus« abzuurteilen ist, oder ob in einer »Popularisierung« nicht auch Chancen liegen, die mit einer vorschnellen, zum Teil auch von einem elitären Kunstverständnis motivierten Kritik vergeben werden[36].

AUSSTELLUNGSDICHTE

Ebenfalls Ende der siebziger Jahre begannen die Kulturinstitutionen der einzelnen Städte jene Fülle von regional und zeitlich verdichteten großen kulturhistorischen Ausstellungen zu veranstalten, die gegenwärtig unter dem Begriff »Ausstellungsboom« subsummiert wird.[37] So stieg die Zahl der von den österreichischen Bundesmuseen durchgeführten Ausstellungsprojekte von 75 (1975) auf 131 (1989).[38] Und für die BRD stellen Gottfried Korff und Martin Roth fest, daß 1986 1.763 Museen 3.866 und 1987 gar 4.065 Ausstellungen veranstaltet haben.[39]

Das quantitative Anwachsen der Zahl der durchgeführten Ausstellungsprojekte steht mit den qualitativen Veränderungen – ihrer Orientierung auf hohe Besucherzahlen und dem Trend zum bewußten Inszenieren – in engem Zusammenhang. Dies zeigt die Geschichte einer Kunstausstellung – der Kasseler »documenta« –, die inzwischen zur Institution geworden ist. Für Kunstausstellungen kann die Tendenz zum bewußten Inszenieren in Verbindung mit einer Orientierung auf hohe Besucherzahlen schon früher angesetzt werden. Schon auf der documenta 1 (Kassel 1955), ganz explizit aber dann bei den folgenden, und hier vor allem der documenta 4 (Kassel 1968), setzten die Organisatoren auf einen bewußt inszenierenden Präsentationsstil.[40] Dieser machte in Verbindung mit einer sehr effizienten Presse- und Informationsarbeit diese Ausstellung zu einem Kulturfestival und einem Medienereignis – was entscheidend war für ihre darauffolgende Einrichtung als regelmäßig wiederkehrende Institution.[41]

Dem durch die documenta 4 vorexerzierten neuen Typus einer Ausstellung folgten in den späten siebziger Jahren viele historische Ausstellungsprojekte. Dies macht ein weiteres Merkmal des Konzeptes Inszenierung deutlich: das In-Szene-Setzen von Ausstellungen in den Medien.

MEDIEN-INSZENIERUNGEN

Einen Zusammenhang zwischen dem quantitativen Anwachsen der durchgeführten Ausstellungsprojekte, ihrer Orientierung auf hohe Besucherzahlen und dem Trend zum bewußten Inszenieren stellen ein seit den sechziger Jahren sich erweiternder, neu organisierender und definierender Freizeitbereich und eine stetig wachsende Medienlandschaft dar.[42] Inmitten eines breiten und zunehmend monopolisierten Angebots von Kinos, Theatern, »Freizeitparadiesen« und Kulturereignissen unterschiedlichster Art, müssen Ausstellungen bekannt und vor allem attraktiv gemacht werden, um ein möglichst großes Publikum anzuziehen. Zudem sind die Besuchenden gewohnt, zwischen einer breiten Palette von exklusiven Produkten wählen zu können. Es bedarf daher der Werbewirksamkeit eines Kulturereignisses, des Neuen, Einmaligen und von »Stars« unterschiedlichster Art, um Erfolge erzielen oder halten zu können.

Mit gezielten Werbe- und vor allem Medienstrategien versuchen Kulturmanager, Ausstellungen in einem monopolisierten Freizeitbetrieb erfolgreich zu machen und maximale Besucherzahlen zu erreichen.[43] Solche Strategien begreife ich als Teil der »Inszenierungsarbeit« für Ausstellungen.

Eine breite Medienarbeit beinhaltet die Kreation eines attraktiven äußeren

Erscheinungsbildes einer Ausstellung. Besonders auffallende Inszenierungen, ein schon bekanntes Kunstwerk oder noch besser, eine unbekannte Arbeit von einem sehr bekannten Künstler, prägen dann gleichermaßen Aussendungen, Informationsmaterialien und Plakate für eine Ausstellung und sind – so hofft man – auch für die Presse »griffig« genug, um darüber zu berichten. PR-Arbeit für eine Ausstellung umfaßt aber auch die Produktion von Informationsmaterialien, Werbeeinschaltungen im Fernsehen, Radio und Kino, das Plazieren des Ausstellungssignets auf Plakatwänden und Straßenbahnen.

Das Veranstalten von Pressekonferenzen in den einzelnen Vorbereitungsphasen, Presseführungen kurz vor der Eröffnung einer Ausstellung und Einzelbetreuung für Kulturredakteure – ganz allgemein die Koordination und Einbindung der Kunstkritik – sind ebenso Teil dieser Werbestrategien.

Wie wichtig Kurzberichte in den Nachrichten und Kultursendungen, Begleitfilme im Fernsehen, Radiofeatures und -interviews, Talk-Show-Präsenz und »Lesegeschichten« in Journalen sind, zeigt das Ergebnis einer Umfrage für die Ausstellung »Traum und Wirklichkeit« (Wien 1984): 45% ihrer Besucher wurden durch Zeitschriften und Zeitungen, 47% durch Fernsehen und Radio und nur 14% durch Plakate – jene Werbung, die Ausstellungsveranstalter selbst steuern können – über die Ausstellung informiert.[44]

Parallellaufende Veranstaltungen, wie Vortragsreihen, Filmfestivals, Konzerte oder Performances, erhöhen ebenso den Bekanntheitsgrad einer Ausstellung und damit die Chance, daß sie von vielen besucht wird. Die Ausstellung muß, um Erfolg zu erzielen, zugleich Kulturfestival und Medienereignis werden.

Die Inszenierung von Ausstellungen in den Massenmedien ist ausschlaggebend für ihren Erfolg. Sie beeinflußt die *»Rückspielergebnisse«*; Besucherzahlen und Katalogverkauf.[45] Diese entscheiden aber wiederum über weitere Sponsoring-Aktivitäten von Firmen und Konzernen und über neue Aufträge für Gestaltungs- und Wissenschaftsteams.

Über die Medien werden aber auch Erwartungshaltungen und Versäumnisängste bei einem potentiellen Besucherkreis geschürt. Parallel zum Zeitrahmen einer Ausstellung werden im Triumph über Rundfunk und Fernsehen, Zeitungen und Zeitschriften beeindruckende Besucherzahlen veröffentlicht. Sie erzeugen das Gefühl »etwas zu versäumen«, wenn man die Ausstellung nicht besucht.[46]

Die Bedeutung der Inszenierung von Ausstellungen in den Massenmedien streicht auch Kamper hervor. Er stellt für den gegenwärtigen Kulturbetrieb fest: *»Einen Ort mit auralischem Glanz zu versehen ist heute fast allein durch PR-Arbeit möglich geworden«.*[47] Kulturorte brauchen gegenwärtig nur mehr eine »Spezifität« von Ereignissen, die sich locker mit einem Ort verbinden läßt. Ein solcher Ereignischarakter kann mittels Inszenierungen in Verbindung mit PR-

23

Arbeit geschaffen werden. Es werden immer neue Orte für Ausstellungen genutzt – stillgelegte Industrieanlagen, Lagerhallen, aufgelassene Bahnhöfe oder Einsiedeleien. Mittels Inszenierungen werden solche Orte temporär genutzt. Die Gestaltung nimmt jedoch die Bedeutung solcher Orte nur in den seltensten Fällen auf. Wenn doch, dann wird die Exotik dieser Orte meist der Inszenierung dienstbar gemacht, und nicht die Inszenierung dem Ort.[48]

Die Inszenierung von Ausstellungen in den Medien wirkt auf die Gestaltung der Ausstellung zurück. Große historische Ausstellungen locken mit Stars und Sensationsangeboten unterschiedlicher Art. Mit der Exotik entfernter Kulturen, mit Abenteuer- und Schatzgräbermythen versuchten völkerkundliche Ausstellungen der letzten Jahre ein möglichst großes Publikum zum Besuch zu bewegen. Beispiele dafür sind die Ausstellungen »Sumer, Assur und Babylon«, »Inkagold«, »Peru und Mexiko«, aber auch »Gold der Skythen« oder »Gold der Thraker«.[49]

Nicht nur das Exotische, auch die schon längst aus Büchern, Filmen und Fernsehen bekannten »Stars« der Kunstgeschichte und der Geschichte werden immer wieder für Ausstellungen bemüht. »Einzigartige«, zum ersten oder letzten Mal herzeigbare Sammlungen und »Meisterwerke« werden dem Publikum versprochen – an deren Aura teilzuhaben wird propagiert.[50] Manche Bilder sind dabei schon zu »Tourneebildern« geworden. Sie werden immer wieder auf Reisen geschickt und in Ausstellungen neu »beschworen«.[51]

Dies gilt allerdings nicht nur für die Ausstellungspraxis der einzelnen Länder, sondern schon längst international. Denn jedes Land hat seine Highlights bereits in den Medien, den Museen und der Tourismuswerbung ausgewiesen. Wenn Wien an der Reihe ist, so wird von Paris bis Tokio Jugendstil ausgestellt. Mit einer solchen internationalen Ausstellungspraxis werden jedoch Klischeevorstellungen bezüglich der leihgebenden Länder und Institutionen weitertradiert und gefestigt.[52]

Mit den gegenwärtigen Inszenierungen werden auch deren Gestalter und Gestalterinnen ins Scheinwerferlicht der Medien gestellt. Stararchitekten, Starphilosophen, bekannte Künstler und Künstlerinnen werden für die Gestaltung von Ausstellungen bemüht. Ausstellungen gleichen dadurch dem Startheater: Die Kunstwerke und Objekte werden als bekannt vorausgesetzt, die Handschrift ihrer Inszenierung wird zum eigentlichen Thema. Die »Meisterwerke« sind in diesen Fällen nur mehr Garanten für möglichst hohe Besucherzahlen.

Wie die Inszenierung einer Ausstellung in den Medien auf die Rezeption des Publikums einwirkt, zeigen das Umfrageergebnis der Ausstellung »Traum und Wirklichkeit« (Wien 1985) und seine Analyse durch Mattl und Pfoser: Auf die Frage, was an der Austellung besonders gefallen habe, *»(...) erwiderten 28% »Gustav Klimt«, 17% »Wiener Werkstätte«, 13% »Egon Schiele«, 12% »Beethoven-Fries« von Klimt. 16% nannten Unterschiedliches aus dem Bereich*

»*Malerei*«; *Sigmund Freud brachte es noch auf 2%, Adolf Loos auf 1%. Von den Musikern, Literaten, sonstigen Größen wie Wittgenstein, oder selbst Karl Lueger, brachte es keiner zu einer Nennung. Das hat sicherlich vorrangig mit der besonderen Attraktivität der Malerei und ihrer quasinatürlichen Überlegenheit als ursprünglich visuelles Medium und mit dem Präsentationskonzept zu tun, vermutlich aber ebensoviel mit der omnipräsenten Vermarktung der so oft genannten Künstler, die man im angeschlossenen Museumsshop auch als Kopftuch oder Poster billig erwerben konnte.*«[53]

KUNST UND WISSENSCHAFT

Ausstellungen werden gegenwärtig mehr und mehr als Orte begriffen, an denen Kunst und Wissenschaft zusammentreffen. Ein solches Überlagern von Elementen der Kunst und der Wissenschaft zeigt sich aber auch in den einzelnen Bereichen selbst. Beispielsweise in dem der Kunst.

Seit den frühen siebziger Jahren beschäftigt sich eine ganze Reihe von Künstlern und Künstlerinnen ganz ausdrücklich wieder mit Erinnerung, mit Vergangenem und Geschichte, mit Mythen sowie überlieferten Gegenständen: Christian Boltansky, Joseph Beuys, Felix Droese, Hanne Darboven, Esther und Jochen Gerz, Anselm Kiefer, Jannis Kounellis, Nikolaus Lang, Gerhard Merz, Anna Oppermann sowie Anne und Patrich Poirier sind nur wenige Beispiele. Sie wenden in ihrer Arbeit unterschiedliche Techniken an: Malerei, Fotografie, Film und Video, autobiografische Texte, Beschreibungen, Tagebücher und Erzählungen, Inventare, »Ready-mades«, Objektbergungen und Ausgrabungen. Einige dieser Techniken und Verfahrensweisen sind jenen, die die historischen Wissenschaften anwenden, sehr ähnlich. Dennoch verfolgen diese Künstler und Künstlerinnen Ziele, die denen vieler historisch Forschenden sehr fern stehen.[54]

So bietet uns Felix Droese – in Form von Installationen – seine eigene künstlerische Auseinandersetzung mit Vergangenem, in der er auch historische und zeitgenössische Fundstücke oder Dokumente verwendet, zum Weiterdenken an.[55] Und Jochen Gerz verfolgt mit seinen Arbeiten die Intention, uns auf unseren Umgang mit Vergangenheit aufmerksam zu machen.[56] Auch Christian Boltansky und Josef Beuys beschäftigen sich in ihren Arbeiten mit historischen Objekten oder Fotografien. Sie verwenden zur Aufbereitung dieser Hinterlassenschaften die Techniken von Museen: Vitrinen, Inventare und Herbarien.[57] Formal können die Ergebnisse der künstlerischen Arbeit sogar den traditionellen Präsentationen historischer Museen und Ausstellungen nahekommen, wie die Abbildung der Arbeit von Nikolaus Lang »Kiste für die Geschwister Götte« veranschaulicht (Abb. 1).

Wie im Bereich der Kunst, so findet auch in dem der Wissenschaft eine verstärkte Durchdringung wissenschaftlicher und künstlerischer Verfahrensweisen statt. Ausstellungsgestaltende, die selbst aus wissenschaftlichen Bereichen kommen, streichen ganz ausdrücklich den künstlerischen Aspekt ihrer Arbeit heraus.[58] Aber auch in der Geschichtstheorie und -schreibung wird der poetische Charakter der historischen Erzählung herausgestrichen.[59]

In gegenwärtigen historischen Ausstellungen treffen diese Tendenzen der »Faktisierung der Kunst« und »Fiktionalisierung der Wissenschaft« zusammen. Parallel zu dieser Überlagerung von Kunst und Wissenschaft auf der gestalterischen Ebene kommt es auch auf der personellen zu einem immer stärkeren Aufeinanderzugehen und Durchmischen von künstlerisch Gestaltenden und wissenschaftlich Recherchierenden bei der Erarbeitung, Konzeption und Gestaltung von Ausstellungen.

Ende der sechziger und Anfang der siebziger Jahre arbeiteten vor allem Designer und Designerinnen mit wissenschaftlich Tätigen bei der Gestaltung von Ausstellungen zusammen. Seit den siebziger und achtziger Jahren wurden zunehmend Architekten und Architektinnen mit der Gestaltung von Ausstellungen betraut. Häufig setzten sich dabei die auf den Bereich der Gestaltung Spezialisierten auf der Ebene der Präsentation durch. Design oder Architektur verselbständigten sich und legten ein einheitliches, dominierendes Erscheinungsbild über kontrastierende und widersprüchliche historische Inhalte.[60] (Abb. 10)

In den letzten Jahren ist ein neues Berufsfeld entstanden – das der Ausstellungsgestaltung: Firmen und Büros werden gegründet, die auf die Konzeption und gestalterische Umsetzung von Ausstellungen spezialisiert sind. In ihnen arbeiten Personen aus künstlerischen und wissenschaftlichen Bereichen zusammen. Österreichische Beispiele dafür sind das »Büro für angewandte Geschichte« sowie die »Transmediale Gesellschaft daedalus« in Wien.

Aber nicht nur Designer, Architektinnen oder spezialisierte »Ausstellungsmacher«, auch Gestaltende aus anderen künstlerischen Bereichen, wie Bühnenbildner oder Objektkünstler, betätigten sich in den letzten zwei Jahrzehnten an der Inszenierung von Ausstellungen. So übernahm der Bühnenbildner Hans Hoffer die Gestaltung verschiedenster österreichischer Ausstellungen der achtziger und neunziger Jahre. Der Künstler Mario Terzic gestaltete die Ausstellung »Historissimus. Fünf Feste zum hundertjährigen Jubiläum des Historischen Museums Frankfurt« (Frankfurt/Main 1978). In dieser schuf er fünf gezeichnete, gebastelte und gebaute Bühnen, auf denen er historische und selbstgemachte Objekte mischte.[61]

Der Objektkünstler Daniel Spoerri betätigte sich ebenfalls als Ausstellungsmacher und entwickelte zusammen mit Marie-Luise Plessen ein eigenes Ausstellungskonzept, das »Musée sentimentale«, welches sie in drei Ausstellungen realisierten. Diesem Konzept liegt das Prinzip der Auswahl und Zusammenstellung von historischen Objekten und Dokumenten nach dem Kriterium eines sentimentalen oder anekdotischen Bezugs zugrunde. Damit sollen traditionelle Hierarchisierungen und Wertvorstellungen in Museen und Ausstellungen unterlaufen werden.[62] Daniel Spoerri gestaltete mit einer Projektgruppe der Hochschule für angewandte Kunst in Wien 1987 auch die Ausstellung »Das Hypnodrom oder der Kampf zwischen Liebe und Traum im bizarren Bazar. Ein Labyrinth«. In dieser versuchten sie eine Visualisierung der Traumerzählung »Hypnerotomachia Poliphili«, die Francesco Collonna 1499 niedergeschrieben hatte und in der dieser seine Kenntnisse über Baukunst, Naturkunde, Philosophie und die Rezeption der klassischen Antike darlegte.[63]

Andere Möglichkeiten der Zusammenarbeit bestehen in der Einladung von Künstlern und Künstlerinnen für die Gestaltung einzelner Stationen, die das Ausstellungsambiente künstlerisch durchbrechen sollen. Kunstschaffende können aber auch zu schon bestehenden Inszenierungen traditioneller historischer Museen arbeiten und visuell eine Stellungnahme versuchen. Ein Beispiel für letzteres ist die Ausstellung »Auf Bewährung. Ein Museum auf dem Prüfstein zeitgenössischer Kunst«, die 1991 im »Museum für das Fürstentum Lüneburg« präsentiert wurde. Zwei Abbildungen, eine vor und eine nach dem »Eingriff« von Claudia Rahayel in das traditionelle Museumsambiente aufgenommen, sollen dieses Experiment veranschaulichen[64] (Abb. 5 und 6).

Ein weiteres Beispiel der Verknüpfung von Gestaltung und thematischer Aufarbeitung stellt das Frauenmuseum in Bonn dar: Künstlerinnen haben ihre Ateliers ins Museum verlegt und arbeiten mit Fachfrauen bei der Gestaltung und Konzeption von Ausstellungen zusammen. Diese bestehen – wie die Ausstellung »Die Bonnerinnen«[65] – aus unterschiedlichen Rauminstallationen und Dokumentationen, in denen eine historische Aufarbeitung der »Frauenfrage« eingeblendet bleibt.[66]

Die Zusammenarbeit von Kunstschaffenden mit wissenschaftlich Tätigen führte, wie diese Beispiele verdeutlichen, zu vielen neuen Entwürfen für die Präsentation von Geschichte in Museen und Ausstellungen. Sie ließ aber auch Schwierigkeiten und Konfrontationen zutage treten.

Künstler und Künstlerinnen, die sich selbst als autonom verstehen, streben nach subjektivem und eigenwilligem Ausdruck durch Bildwelten, die mehrere Deutungsmöglichkeiten offenhalten. Dies ist mit dem Bemühen nach Eindeutigkeit und Nachvollziehbarkeit in den Texten vieler wissenschaftlich Forschender schwer zu vereinbaren.[67] In beiden Bereichen haben sich zudem im Zusammenhang mit der »Autonomwerdung« und Spezialisierung der Künste und Wissenschaften seit der Renaissance und vor allem seit dem 19. Jahrhundert eigene Sprachen – Kunst- und Wissenschaftssprachen – herausgebildet, die jenen, die den Umgang mit diesen nicht gewohnt sind, unverständlich bleiben.[68] Aus diesen gegensätzlichen Bestrebungen von Kunstschaffenden und wissenschaftlich Forschenden ergeben sich viele Spannungen in der Zusammenarbeit bei historischen Ausstellungen, vor allem auch für die Besucher und Besucherinnen dieser Produktionen, die künstlerischen Darstellungsprinzipien und Formensprachen, die ihnen noch nicht »vorgekommen« sind, oft ebenso ratlos gegenüberstehen wie langen, von Fachausdrücken durchzogenen Texten im Wissenschaftsjargon.

Eine solche Zusammmenarbeit ist jedoch stets mehr als eine Addition beider Bereiche. Schwierigkeiten der dargelegten Art können nur gelöst werden, wenn sich beide Bereiche gegenseitig relativieren, indem wissenschaftliche Recherche und künstlerische Präsentation bei der Erstellung einer Ausstellung genausowenig getrennt voneinander gesehen werden wie Form und Inhalt. Wichtig ist dabei eine gegenseitige Verständigung über Inhalte, die in Ausstellungen vermittelt werden sollen. Eine Lösung besteht vielleicht dort, wo Künstler und Künstlerinnen einen Adressatenkreis bedenken und die Wissenschaftler und Wissenschaftlerinnen sich dem Risiko der Un- oder Mißverständlichkeit stellen.[69]

Neben den Schwierigkeiten ergeben sich aus einer solchen Zusammenarbeit aber auch Chancen. Diese bestehen vor allem darin, daß sich Kunstschaffende auf vielfältige Art und Weise mit den veränderten Sehgewohnheiten unseres Jahrhunderts auseinandergesetzt und diese in ihren Produktionen verarbeitet haben. Sie sind Spezialisten und Spezialistinnen im Bereich der Visualisierung, und diese Fähigkeiten können sie in der Gestaltung historischer Ausstellungen produktiv einsetzen.

Eine solche Feststellung scheint allerdings nur den kleinsten gemeinsamen Nenner der gegenwärtigen Ausstellungsdiskussion zu umreißen. Denn während sich die meisten der zeitgenössischen Konzeptionen einig sind, daß beim Ausstellungsmachen grundsätzlich von der Kunst gelernt werden soll, ist man sich in der Frage gänzlich uneinig, von welcher Kunst denn Anregungen bezogen werden sollen: von den barocken Allegorien oder von Brecht, von den Surrealisten oder den Syberbergschen Filminszenierungen?

DIDAKTIK DES ZEIGENS

Blättert man in der Literatur der damals neu entfachten Ausstellungs- und Museumsdiskussion der sechziger und siebziger Jahre, so fallen einige, häufig verwendete Ausdrücke ins Auge: »*Lernort*« und »*argumentierende Ausstellung*«, »*Didaktik*« und »*Information*« beherrschten die damalige Diskussion. Der Bildungs- oder Vermittlungsauftrag von Museen und Ausstellungen wurde ebenso wie deren soziale Relevanz mit der Erwartung in den Vordergrund gerückt, diese könnten zu einer »*Demokratisierung der Gesellschaft*« beitragen. Im Zuge dieses neu erwachten Interesses an den »Lernorten« Ausstellung und Museum wurden museumspädagogische Zentren und Vereine gegründet.[70]

In der Theorie und Praxis der achtziger Jahre hat das Interesse an einer solchen explizit pädagogischen Aufbereitung von Ausstellungen deutlich abgenommen. Es werden aber auch vermehrt Stimmen laut, die sich gegen eine »*Pädagogisierung*« oder »*Didaktisierung*« von Ausstellungen wehren.[71] Die Argumentationen dieser Skepsis gegenüber Lehrcurricula und dem Bildungsauftrag historischer Ausstellungen sind vielfältig und nicht alle in einen Topf zu werfen.

Zum einen haben sicherlich genauere empirische Untersuchungen im Bereich der Rezeptionsforschung zur Relativierung früher erhobener Ansprüche geführt. So argumentieren beispielsweise Heiner Treinen und Bernhard Graf gegen die These, Museen und Ausstellungen seien Orte, die ihr Publikum »gebildeter« entlassen. Demgegenüber behaupten sie eine Ähnlichkeit zwischen den Kommunikationsstrukturen von Ausstellungen und jenen der Massenmedien: In beiden werden Inhalte an ein heterogenes Auditorium »gesendet«, die Besucher und Besucherinnen stehen miteinander meist nicht direkt in kommunikativem Austausch und sind auch nicht durch soziale Netzwerke miteinander verbunden. Sie setzten sich je einzeln oder in Kleingruppen den dargebotenen Inhalten aus. Dies unterscheidet die Kommunikationsstrukturen, die in Ausstellungen wirksam werden, von denen der Bildungseinrichtungen. Die Grundsituation eines Ausstellungsbesuchs gleicht damit nicht diesen, sondern jenen der Massenmedien.[72]

Von anderer Seite wird der »*unmittelbare*« und »*sinnliche*« Erlebniswert von Ausstellungen hervorgehoben, der genossen, aber nicht didaktisch vermittelt werden will. Man spricht von der »*Atmosphäre*« und dem »*Klima*« einer Ausstellung, vom »*Mentalitätsraum*«, der sie umgibt[73] oder von der »*Stimmung*«, die man vom »*Geist*« einer Epoche[74] vermitteln möchte. Nicht mehr einen distanziert-aufklärerischen, sondern einen vorwiegend emotionalen Zugang zu Relikten der Vergangenheit und zu Geschichte will man provozieren. Die einzelnen sollen nun »(…) *fasziniert, irritiert und schockiert bzw. inspiriert* (werden) *zu verweilen, sich zu setzen, zu gehen, zu lesen, Apparaturen zu betätigen, zu diskutieren und vielleicht unter Tränen zu lächeln.*«[75]

Der Paradigmenwechsel der Ausstellungstheorien läßt sich vielleicht an nichts so deutlich ablesen wie an diesem Wunsch nach Unvermitteltheit und Direktheit und dem Greifen nach den emotionalen Zuständen der Besuchenden. In Ausstellungen gibt es allerdings keinen unmittelbaren Kontakt mit Vergangenem, sondern nur einen – höchst vermittelten – mit Geschichte(n). Die Frage, die sich in diesem Zusammenhang aufdrängt, ist jene, ob eine solche Argumentation einer romantischen Vorstellung von Unvermitteltheit folgt. Oder ob sie jene – in ihrer sinnlich-materiellen Überlieferung präsente – Seite von Geschichte anspricht, die so lange aus dem Diskurs der Geschichtswissenschaft ausgeblendet war?

Eine weitere Argumentation, die sich gegen pädagogische Bemühungen generell ausspricht, lautet, man solle »(...) *in Analogie zur amerikanischen Wiederaufnahme des banalen Universums der städtischen Umwelt die Gesellschaft so annehmen, wie sie ist, mit ihren Schwächen und Fehlern; man solle, anders ausgedrückt, aufhören zu schulmeistern*«.[76] Schulmeisterisch ist jedoch eine solche konservierende und eindimensionale Argumentation selbst, die mit einer knöchernen Didaktik auch deren kritisch-utopische Möglichkeit von Pädagogik ausleeren will.

All diese Argumentationslinien sind verstrickt in gesellschaftspolitisch divergierende Wunsch- und Zielvorstellungen, die jedoch selten offengelegt werden. Grundsätzlich ist zu ihnen anzumerken, daß Didaktik – nicht in einem schulpädagogischen, sondern einem erweiterten Sinn verstanden – und Ausstellen aufeinander verweisen. Ausstellungen wenden sich an ein Publikum, indem sie Ideen, Themenstellungen, Thesen und Fragen verbildlichen und präsentieren. Sie haben dadurch mit – in der Planungs- und Gestaltungsphase immer zuerst einmal einseitiger – Kommunikation zu tun. Die Ausstellungsverantwortlichen möchten mit einer Ausstellung auf »etwas« aufmerksam machen, Fragen und Thesen vermitteln, die Besuchenden sensibilisieren oder irritieren. Die Form der »heimlichen«, »unheimlichen« oder expliziten Didaktik kann immer anders sein. Wie Ausstellen stets In-Szene-Setzen heißt, kommt es auch ohne Didaktik nicht aus. Eine Pauschalaburteilung der Didaktik von Ausstellungen ist somit absurd, die Mittel und Inhalte einer Didaktik sind aber sehr wohl kritisierbar.[77]

Wir bewegen uns – so die Analyse von Burghart Schmidt – in einer gesellschaftlichen Strukturveränderung, die man als ein zunehmendes Verwalten unserer Lebenswelt durch eine wachsende Verschulung beschreiben kann. Bestimmte didaktische Bemühungen entsprechen diesem Verwalten, indem die Menschen »*schulisch beliefert*« und in »*Lernvorgänge*« gezwängt werden, von deren struktureller und thematisch aktiver Gestaltung sie ausgeschlossen bleiben. Lerncurricula können aber auch zu »*selbstgenügsamen Apparaturen*« verkommen, die nicht näher an Inhalte und eigene Fragen heranführen. Didaktische Bemühungen können sich jedoch diese zunehmende Verwaltung der Lebenswelt auch bewußt halten und versuchen sich ihr zu widersetzen.[78] Inwieweit im gegenwärtigen Ausstellungsbetrieb eine solche Intention umgesetzt oder ihr entgegengearbeitet wird, könnte ein Ansatzpunkt für die weitere Diskussion sein.

MUSEOLOGISCHER DISKURS

Mit dem Konzept Inszenierung verbindet sich ein weit ausholender Diskurs über Fragen und Formen der Geschichtspräsentation. Theoretiker und Theoretikerinnen aus unterschiedlichen Wissenschaftsbereichen – aus der Geschichtswissenschaft, der Soziologie und Philosophie – aber auch Politiker, Journalisten, Architekten und Künstler haben sich eingeschaltet. Ein eigener Wissenschaftsbereich – die »Museologie« – ist im Entstehen. Zahlreiche Publikationen und Tagungen zu Museums- und Ausstellungsfragen spiegeln diese Debatte wieder. Aber auch Zeitungs- und Zeitschriftenartikel, Feuilletons und Fernsehbeiträge greifen immer häufiger Ausstellungen auf und beschreiben sie als Höhepunkte einer florierenden Ereigniskultur.

In den letzten Jahren ist der Präsentationsstil – die Art und Weise wie inszeniert wird oder werden soll – in zunehmendem Maße ins Zentrum der Diskussion gerückt worden. Es scheint fast so, als ob der Diskurs ins extreme Gegenteil abschwenken würde. In den siebziger Jahren wurden vor allem inhaltliche Fragen diskutiert – beispielsweise die Ausgrenzung der Alltagskulturen breiter gesellschaftlicher Schichten oder die Unterschlagung und Vereinnahmung weiblicher Lebenszusammenhänge in den Geschichtsdarstellungen. Die Frage der Präsentationsästhetik wurde diesen inhaltlichen Schwerpunkten gegenüber vernachlässigt. Gegenwärtig werden in der Inszenierungspraxis und diskursiven Reflexion ästhetische Innovationen und Experimente sowie die Rhetorik privilegiert. Die »Revolution« wird ins Ästhetische verlagert. Leben und Wirklichkeit, Gesellschaft und Geschichte drohen im Diskurs der Kunst und ihrer Rezeption aus dem Blick zu geraten.[79]

Damit ist kein Monolog gegen ästhetische Experimente und auch keiner gegen eine differenzierte Auseinandersetzung mit der Form der Gestaltung intendiert. Beide sind notwendig, um im Bereich der präsentierenden »Rahmung« Differenzen erkennen und ausprobieren zu können. Dennoch soll dabei im Auge behalten werden, was ästhetische Verfahren in Verknüpfung mit Inhaltlichem den Besuchern und Besucherinnen einer Ausstellung vermitteln. Ausstellungsinszenierungen schweben zudem nicht im luftleeren Raum. Sie sind eingebettet in ein breites Feld von Fragen: Über das gesellschaftliche und kulturelle Umfeld, in dem Ausstellungen angesiedelt sind, das Wahrnehmungs- und Kommunikationsverhalten, die soziale und regionale Herkunft sowie die Geschlechts-, Bildungs- und Altersstruktur ihres Publikums muß ebenso diskutiert werden, wie darüber, welche Formen der Präsentation dem ent- oder widersprechen können.

III. Ausstellungen als Zeitbilder

INSZENIERTE KULTUR

Ausstellungen – ihr Präsentationsstil, die in ihnen verarbeiteten Themenbereiche, die Häufigkeit ihres Auftretens, ihre Auftraggeber und das Verhalten des Publikums ihnen gegenüber – zeugen von den Moden, Geschmäckern und Tendenzen einer Epoche. Sie sind damit – was der dänische Künstler Per Kirkeby von den Museen behauptet – »*Zeitbilder*«, d. h., sie geben unter Umständen ein besseres Bild von der Zeit und der Haltung derer, die sie produziert haben, als von den Kulturen, von denen sie handeln.[1] Historische Ausstellungen haben somit etwas mit der Zeit, in der sie geschaffen werden, gemeinsam und sollten deshalb nicht abgekoppelt von anderen gesellschaftlichen Bereichen, von Politik, Wirtschaft und den Verhaltensweisen und Bedürfnissen des Publikums, untersucht werden.

In den westlichen Industrieländern zeigt sich gegenwärtig diese Gemeinsamkeit in einer dominanten Ästhetik, die sowohl in den programmatischen Inszenierungen historischer Ausstellungen als auch in Inszenierungen anderer gesellschaftlicher und künstlerischer Bereiche, beispielsweise dem der Architektur und der Produktwerbung, Ausdruck findet.

So sind in den letzten 20 Jahren ganze Innenstädte zu »*Bühnen*« geworden,[2] und Kulturveranstaltungen verschiedenster Art mehren sich in einer Weise, daß von einer »*institutionalisierten Kulturspektakelhaftigkeit*«[3] gesprochen wird. Inszenierungen – ob temporär oder beständig – treffen wir an den unterschiedlichsten Orten: in den Wohnungen in Form des Fernsehens und der Videos, im öffentlichen Raum in Form der renoviert-inszenierten Altstädte, in der neuen »sprechenden« Architektur, in den Schaufenstern der Einkaufsstraßen und auf Kulturereignissen in den Regionen in Form der Ortsbildpflege, der Freilichtmuseen und der »Disneylands«. Eine inszenierte Kultur – so die These von Peter Gorsen – durchdringt gegenwärtig die unterschiedlichsten Lebensbereiche. Sie ist mit dem Alltag der Menschen, aber auch mit Politik und Wirtschaft fest verwoben.[4]

Indem beschrieben wird, wie dieses Gewebe aus inszenierter Kultur, Politik, Wirtschaft und Lebensalltag beschaffen ist, wird auch die Rolle bestimmt, die historische Ausstellungen in diesem Gewebe spielen.

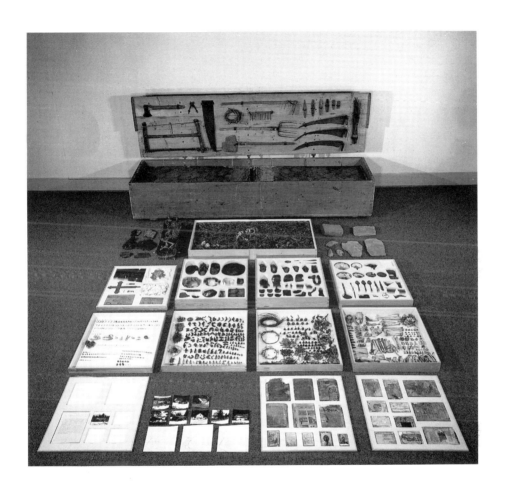

Abb. 1   Nikolaus Lang, »Kiste für die Geschwister Götte« (1973/74).

Abb. 2   Inszenierung einer »Bombe« in der Abteilung »Zerstörung Frankfurts im Zweiten Weltkrieg« im Historischen Museum Frankfurt (1972).

Abb. 3   Inszenierung derselben »Bombe« in der Abteilung »20. Jahrhundert«
im Historischen Museum Frankfurt (1980).

Abb. 4   Installation »Sprechende Steine« (1991) von Christian Terstegge,
im Museum für das Fürstentum Lüneburg.

HISTORISCHER STOFF

Der gegenwärtige Kulturbetrieb ist nicht nur durch häufiges und vielfältiges Inszenieren gekennzeichnet, sondern auch durch die Verwendung bestimmter »Stoffe«. Für die letzten beiden Jahrzehnte kann ein gestiegenes Interesse an Historischem – an »Geschichte(n)« – festgestellt werden. Dieses äußert sich in einer Vielzahl historischer Ausstellungen, der Häufung gedruckter oder in Bild und Ton übersetzter geschichtlicher Darstellungen und in anderen Kulturereignissen, die die Historie bemühen – von historisch angehauchten Stadtfesten bis zum »History-land«. Eine weitere Manifestation dieses gestiegenen Interesses an Geschichte ist die enorme Renovierungstätigkeit vieler Städte. Dabei wird fast alles – ist es nur irgendwie historisch interpretierbar – renoviert. Dort, wo es keine Überreste mehr gibt, wird »Historisches« neu produziert. Venedig ist ein besonders krasses Beispiel eines »historischen Juwels«, das ständig renoviert wurde und wird. In den letzten beiden Jahrzehnten wurden aber auch ganze durch den Zweiten Weltkrieg vollkommen zerstörte Stadtviertel – in Frankfurt am Main der »Römerberg« und in Ost-Berlin das Nikolaiviertel – neu in »altem Gewande« aufgebaut.[5]

»Stoff« für Inszenierungen liefert jedoch nicht nur das zeitlich, sondern das räumlich Ferne: Nicht nur Geschichte, sondern auch fremde Kulturen werden in Ausstellungen, in den Medien, in der Architektur und auf Kulturereignissen zu »Exotika«. Diese massive Zuwendung zu Historischem und Fremdem wird gegenwärtig auch unter dem Stichwort »Musealisierung« diskutiert.

So beschreibt beispielsweise Eva Sturm »*Musealisierung*« als ein »*Zeitphänomen*«, das über das Sammeln und Bewahren der Museen hinaus auch andere schützende, restaurierende und konservierende Tendenzen beinhaltet und sich damit, auf eine historisch beispiellose Art und Weise, auf immer weitere Bereiche ausdehnt.[6] »Musealisierung« umfaßt neben einer steigenden Zahl von Museumsgründungen unterschiedlichster Typen (vom Käse- bis zum Kennedy-Mord-Museum) und der Deklaration ganzer Siedlungen und Dörfer inklusive deren Einwohnern zu »*musealen Zonen*«, auch die konservierenden, schützenden und restaurierenden Tendenzen des Natur-, Landschafts- und Tierschutzes sowie Bemühungen zeitgleich und zukunftsantizipierend – quasi vorausblickend für die kommenden Generationen – zu sammeln und zu konservieren. Auch die Konjunktur von Ausstellungen – der gegenwärtige Ausstellungsboom – wird diesem Zeitphänomen zugerechnet.[7] Unter »Musealisierung« werden somit unterschiedliche Formen des Umgangs mit Historischem und Fremdem verstanden. Um ihre Zusammenfassung zu einem »*Zeitphänomen*«[8] erklärbar zu machen, ist es notwendig, zwischen zwei Dimensionen des »Musealisierens« zu unterscheiden.[9]

Erstere besteht darin, dem Vergehenden, Vergangenen und Fremden Reservate – »*kontrollierte Räume der Aufbewahrung*« – zuzuweisen und es in diesen zu fixieren und zu konservieren. Dies ist verbunden mit seinem Abtrennen und Verdrängen aus alltäglichen Lebensräumen in Museen und museale Zonen.[10] Dieses Fixieren, Konservieren und Bewahren impliziert jedoch eine zweite Dimension des Musealisierens, die der ersteren gewissermaßen entgegensteht: das Ordnen, Zusammenfügen und Gestalten des Konservierten und damit sein Inszenieren, seine Vergegenwärtigung. Diese Dimension nennt Heinisch die »*Versprachlichung eines Themas, mit Hilfe der Schrift der Museographie*«[11].

Historische Ausstellungen kann man somit als »*zeitlich begrenzte Musealisierung*« begreifen, in der dem Konservieren die Vergegenwärtigung durch das Inszenieren immer auch entgegensteht. Museen, historische Ausstellungen, renoviert-inszenierte Altstädte und auch Dörfer, die mitsamt ihren Bewohnern in museale Zonen verwandelt werden, vermitteln uns keine »originalen« Bilder der Vergangenheit, sondern »Geschichtsentwürfe«, in denen Bilder von der Vergangenheit – ausgehend von gegenwärtigen Intentionen und Fragestellungen – konstruiert und rekonstruiert werden. Vergangenheit und Geschichte sind damit nicht dasselbe. Sie gleichzusetzen bedeutet, die Praxis der Produktion von Geschichte zu verschleiern.[12] Die »*progressive Musealisierung*« kann man somit nicht als die »(...) *massivste und krasseste Manifestation unserer Vergangenheitssehnsucht*«[13] bezeichnen, sondern eher als ein Verlangen nach ganz bestimmten Geschichtsbildern.

Die Inszenierungen von Historischem und Exotischem haben sich jedoch gegenwärtig von den »kontrollierten Räumen« der Museen und Ausstellungshäuser längst entfernt. Wir treffen sie an den verschiedensten Orten: an Häuserfassaden, in U-Bahn-Stationen, Vergnügungsparks, stillgelegten Fabriksanlagen, im Fernsehen und in Videos. An diesen Orten und in den Medien wird Historisches gestaltet, inszeniert oder simuliert.

INSZENIEREN – POSTMODERN?

Diese Inszenierungen werden häufig »postmodern« oder »postmodernistisch« genannt. Um die »Postmoderne« ist in den letzten Jahren eine hitzige Diskussion entflammt, in der es um bestimmte Formen der ästhetischen Produktion, aber auch um deren gesellschaftliche und politische Einordnung und Bewertung geht. Der Bogen der Standpunkte reicht dabei von apokalyptischen Endzeitvisionen bis zur pauschalen Subsumierung der »Postmoderne« unter »Neokonservatismen« – von einer Seite wird das »gute Neue« gegen das »schlechte Alte« ausgespielt, von einer anderen das »gute Alte« gegenüber dem »schlechten Neuen« hochgehalten.

Im Gegensatz zu diesen schwarzweiß malenden Positionen möchte ich mich einer Diskussionsrichtung anschließen, die »Postmoderne« nicht nur rein stilistisch, sondern historisch zu fassen versucht. So begreifen beispielsweise Andreas Huyssen und Frederic Jameson, zwei amerikanische Literaturwissenschaftler, auf die ich mich hier beziehe, »*Postmoderne*« nicht als einen besonderen Stil oder eine besondere Ausdrucksform unter anderen, die man entweder moralisch aburteilen oder protegieren kann, sondern als einen »*historischen Konstitutionszusammenhang*«.[14] In der Diskussion um die Postmoderne geht es damit nicht nur um reine Stilfragen, sondern um ein gesamtgesellschaftliches, kulturelles und politisches Problemfeld.[15]

Wenn von »Postmoderne« als historischem Begriff gesprochen wird, bedeutet das jedoch nicht, daß eine neue Epoche eine alte glatt ablöst. Ich verstehe den Begriff eher als ein Aufmerksammachen darauf, daß wir uns in einem Veränderungsprozeß befinden, in dem wir mit neuen Fragestellungen und Problemen konfrontiert und auf ungelöste der Vergangenheit aufmerksam werden. In der Literatur stößt man häufig auf Begriffe wie »Konsum-«, »Medien-« oder »Kulturgesellschaft«, »Informationszeitalter«, »Elektronik-« oder »High-Tech-Zeitalter«, mit denen versucht wird, die Neuartigkeit unseres gegenwärtigen Gesellschaftssystems zu fassen. Mit diesen Begriffen werden zwar Fragen- und Problemfelder angesprochen, die gegenwärtig eine verstärkte Brisanz erfahren, wie beispielsweise die steigende Bedeutung der Medien und Werbeindustrie, die Funktion der Kultur als »Sinnstifterin« oder die neuen Technologien und ihr Zerstörungspotential. Kontinuitäten, wie die der ungebrochenen Präsenz der Klassengegensätze, der Unterwerfung der sogenannten »dritten« unter die »erste Welt« oder des pragmatisch wenig erschütterten Fortschrittsoptimismus, werden in diesen Begriffen jedoch kaum berücksichtigt. Angesichts dieser Herausforderungen für unser gegenwärtiges westliches spätkapitalistisches Gesellschaftssystem soll es meines Erachtens eher darum gehen, die Substanz von Kontinuitäten und Veränderungen auszumachen, als um den Versuch der glatten Abgrenzung unterschiedlicher »Epochen«.

In diesen gesamtgesellschaftlichen kulturellen und politischen Raum sind bestimmte Formen von Kultur eingebettet, die in den Begriffen Jamesons als »*kulturelle Dominante*« beschreibbar sind. Neben dieser existiert zwar ein ganzes Spektrum anderer unterschiedlicher Stile und Kulturformen, die allerdings dieser »Dominanz« untergeordnet bleiben.[16]

Es geht somit um die Bestimmung einer gegenwärtigen ästhetischen Dominante und kulturellen Norm – des »Postmodernismus« – und um ihre Stellung und Funktion in unserem gegenwärtigen gesellschaftlichen Zusammenhang. Eine solche begriffliche Bestimmung der jeweils dominierenden kulturellen Logik ist auch deshalb notwendig, um Differenzen dazu – alternative Kulturentwürfe – angemessen beurteilen zu können.[17]

DER ÖFFENTLICHE BLICK

Inszenierte Kultur wendet sich an ein Publikum und setzt sich damit dessen Kritik, einem »öffentlichen Blick« aus. Sie steht damit in einer Sphäre der Öffentlichkeit, die sich jedoch seit ihrer Herausbildung im 18. Jahrhundert selbst historisch verändert hat. Jürgen Habermas[18] und Richard Sennett[19] haben sich in unterschiedlicher Weise mit diesem Wandel beschäftigt. Einig sind sich beide darin, daß sich die »*Kategorie Öffentlichkeit*«[20] im Zuge dieses »*Strukturwandels*« in immer weitere gesellschaftliche Bereiche ausbreitete, damit jedoch ihre politische Funktion verlor und »intim« wurde, und daß die Abgrenzung gegenüber dem ihr komplementären Bereich der Privatsphäre sehr unscharf geworden ist.

Im 19. und vor allem im 20. Jahrhundert drang »Öffentlichkeit« in Form von staatlichen Regelungen, Gesetzen und Maßnahmen in immer breitere, bis dahin private Bereiche der Gesellschaft ein. Sich konkurrierende gesellschaftliche Interessen wurden nun ins Politische übersetzt. Vermittelt durch staatliche Eingriffe wirkten sie auf die eigenen gesellschaftlichen Bereiche wieder zurück. Die für eine kritische Öffentlichkeit konstitutive Trennung von Staat und Gesellschaft war damit außer Kraft gesetzt. Der Warenverkehr, die Arbeit, der familiäre Bereich und die Erziehung wurden beispielsweise im Zuge dieses Prozesses verrechtlicht.[21] Doch selbst jener Rest von Privatheit, der noch übrigblieb – der Bereich des Wohnens und der Freizeit –, wird im 20. Jahrhundert mit den elektronischen Massenmedien Fernsehen, Computernetzwerke und Radio sowie mit Zeitschriften und Zeitungen von »Öffentlichkeit« durchsetzt. Mit ihnen hat sich die Sphäre von Öffentlichkeit immens ausgedehnt.[22]

Die Privatsphäre, die für die bürgerlichen Schichten im 18. Jahrhundert ein Gegengewicht zur öffentlichen Welt darstellte, schrumpfte zusammen. Viele ihrer Funktionen wurden zu einem wesentlichen Teil von öffentlichen oder halböffentlichen Institutionen übernommen. Der Familie kommt gegenwärtig vor allem als »*Abnehmerin und Verbraucherin von Einkommen und Freizeit*«[23] eine gesellschaftliche Funktion zu. Die Massenmedien, mit denen Öffentlichkeit auch im Intimbereich noch präsent ist, bringen jedoch einen Schein von Privatheit hervor, indem sie eine integre Privatsphäre, intakte Privatautonomie und Persönlichkeiten zur Darstellung bringen.[24]

Auch politische Tatbestände werden mit ihrer Veröffentlichung in den Medien zunehmend personalisiert und privatisiert. »Öffentlichkeit« verliert damit ihre Umrisse, sie wird selbst intim und kann kein Gegengewicht mehr zur Privatsphäre – auf dem ihre kritische Funktion beruhte – darstellen.[25]

Mit dem Einströmen privater Interessen in die Sphäre von Öffentlichkeit wird diese zu einem Medium der Werbung. Geworben wird für den Konsum von Produkten aber auch für politische Zustimmung. »Öffentlichkeit«, die heute vor allem von den Massenmedien dominiert ist, wächst damit einerseits immer mehr in den Konsumbereich hinein. Andererseits wird sie zu einem Medium, in dem »Prestige« vor einem Publikum entfaltet wird. Publizität erhält damit eine demonstrative Funktion, ohne daß die veröffentlichten Sachverhalte zu Diskussionsgegenständen gemacht würden. Heute nimmt der Freizeitbereich in Verbindung mit dem Kulturkonsum den Raum jener »Öffentlichkeit« ein, die einst literarische und politische Kritik formulierte.[26]

Dies markiert für Sennett und Habermas das Ende eines langen Prozesses, der mit dem Ende des 18. Jahrhunderts einsetzte. Während Habermas diesen Prozeß vor allem als strukturelle Veränderungen beschreibt, versucht Sennett diese mit einem Wandel der Anschauungen der Menschen und der Form ihres Auftretens in der Öffentlichkeit zu verbinden.[27] Er begreift Anschauungen[28] als eigenständige und wirksame Faktoren in der Geschichte.

Sennett beschreibt, wie das öffentliche Leben vor allem im 19. Jahrhundert von modernen, antitraditionalen Kräften – d. h. mit der Herausbildung einer neuen, kapitalistischen, säkularen Kultur – erschüttert wurde. Er sieht damit im Industriekapitalismus nicht den einzigen Faktor, der an diesem Wandel von Öffentlichkeit beteiligt war. Zu ihm gesellen sich zwei weitere Kräfte: eine Neubestimmung von Weltlichkeit im 19. Jahrhundert (Säkularisierung) und die Ungleichzeitigkeit von älteren Strukturen von Öffentlichkeit, die mit den Veränderungen im 19. Jahrhundert zusammenwirkten.[29]

Der Industriekapitalismus wirkte sich in doppelter Weise auf die Vorstellung von Öffentlichkeit aus: Zum einen begannen die Menschen Schutz und Rückzugsmöglichkeiten vor einer ökonomischen Ordnung zu suchen, deren Krisen und Schocks nicht durchschaut werden konnten. Dieses Rückzugsfeld fand man – zumindest in der Ideologie – in der Familie, aber auch in der Kunst, die damit zum Gegenbild des Alltags wurde. Die zweite Auswirkung des Industriekapitalismus auf die Vorstellung von Öffentlichkeit besteht in der Verschleierung der materiellen Verhältnisse in der Öffentlichkeit durch Mode und Werbung. Als die materiellen Güter durch die Massenproduktion einförmig wurden, begannen die Händler ihnen in der Werbung und in der Art, wie sie präsentiert wurden, »menschliche« Eigenschaften zu verleihen. Sie machten sie zu faszinierenden Geheimnissen, die die Menschen nicht ruhen ließen, bis sie die Waren gekauft hatten, um sie zu durchschauen.[30]

In der nun entstehenden Institution des Warenhauses ging der Kaufanreiz von einer »*Aura aus Fremdheit und Mystifikation*« aus, mit der die Gegenstände umgeben und die potentiellen Käufer angeregt wurden, die Dinge mit persönlicher Bedeutung zu besetzen. Das aktive Feilschen um den Preis wurde nun von der passiven aber konzentrierten Kauferfahrung des Flanierens und Beobachtens abgelöst. Die persönliche Erfahrung von Öffentlichkeit wurde nun von einer »Gastronomie des Auges«, von einer passiven, schweigenden aber dennoch konzentrierten Aufmerksamkeit und nicht mehr von sozialer Interaktion geprägt. Im Akt der Beobachtung wurden die materiellen Dinge mit persönlichen Motiven, Bildern und Bedeutungen überlagert.[31]

Die Wechselwirkung zwischen Kapitalismus und Öffentlichkeit ging damit in zwei Richtungen. Die Menschen suchten zum einen in den scheinbar stabilen Regionen der Familie und der Kunst nach Rückzugsmöglichkeiten. Zum anderen wurden sie durch den Warenfetischismus, die Verschleierung der materiellen Verhältnisse in der Öffentlichkeit durch Mode und Werbung, verwirrt – eine Verwirrung, aus der sich jedoch Gewinn ziehen ließ.

Warum die Menschen sich allerdings verwirren ließen bzw. warum sie bereit waren, die materielle Umwelt, d. h. die Waren, aber auch ihr eigenes öffentliches Erscheinungsbild, mit persönlichen Bedeutungen und Bildern zu besetzen, ist mit der Feststellung, daß sich daraus Gewinn schlagen ließ, noch nicht hinreichend erklärt. Dies hängt mit der zweiten Kraft zusammen, die das öffentliche Leben veränderte: mit einem Wandel der Anschauungen der Menschen in bezug auf das weltliche Leben.

Eine Erklärung der »Welt«, die auf ein Jenseits verwies, wurde ab dem 19. Jahrhundert zunehmend von einer diesseitsorientierten Weltsicht abgelöst. Diese implizierte die Auffassung, eigenes Erleben und Erfahren, das unmittelbare Dasein, bildeten die Grenze des Glaubbaren. Oder andersherum betrachtet, alle Bedeutung ist den äußeren Erscheinungen immanent, und außerhalb dieser gibt es keine Bedeutung. Ein Ereignis oder ein Ding mußte nun nicht mehr in eine schon existierende transzendente Ordnung eingefügt werden, um verstehbar zu sein, sondern stellte an sich eine Realität dar. Diese diesseitsorientierte säkulare Anschauung gründete nicht mehr auf Transzendenz, sondern auf Immanenz. Ihr liegt die Vorstellung zugrunde, ein Gegenstand oder eine Situation trage Bedeutungen in sich und »spreche« zu uns. Jenseits dieser äußeren Erscheinung, dieses Sichtbaren, gibt es jedoch keine Bezugsgröße, der Bedeutung zukommt.[32] Die äußeren Erscheinungswelten wurden damit mystifiziert. Das Verstehen der Welt basierte nun auf deren stetiger Beobachtung, auf der »Gastronomie des Auges«.[33]

Diese Vorstellung von Säkularität hatte einschneidende Wirkung auf das öffentliche Leben. Nichts, was Empfindung, Verwirrung oder einfach Aufmerksamkeit erzeugt, durfte aus dem Blickfeld ausgeschlossen werden. Konzentrierte Beobachtung schließt jedoch ein, daß man selbst ruhig dabei ist, sich konzentriert, dabei aber eigene Aktivität und Expressivität unterdrückt. Das Flanieren – das passive, aber konzentrierte Beobachten – wurde damit zum dominierenden Verhaltensmodus in der Öffentlichkeit.[34]

Diese Faktoren – Kapitalismus und Säkularität – sind zwar Ursachen für einen umfassenden Wandel von Öffentlichkeit. Dennoch veränderte sich der öffentliche Raum im 19. Jahrhundert nicht plötzlich und überall in dem gleichen Ausmaß. Ungleichzeitigkeiten ragten mit einer älteren, etablierten Stadtkultur in die Welt dieser neuen ökonomischen und ideologischen Kräfte hinein und bildeten ihnen gegenüber ein Gegengewicht. Sie bewahrten eine Zeitlang den Anschein einer älteren Ordnung inmitten eines widersprüchlichen Prozesses.[35]

Dieses »*Gestern im Heute*« gilt jedoch nicht nur für das 19. Jahrhundert, sondern auch für die Gegenwart. Sennett stellt in diesem Zusammenhang die These auf, daß im 19. Jahrhundert die Grundlagen für die gegenwärtige »*intime*« Gesellschaft zu suchen seien. Ihm zufolge breiteten sich im 19. Jahrhundert die in der Großstadt entstandenen Wahrnehmungsstrukturen auch auf das Land aus und durchsetzten mit den Kommunikationstechnologien des 20. Jahrhunderts die gesamte Gesellschaft.[36] Diese Wandlungsprozesse des 19. Jahrhunderts wirken damit in unserer Gegenwart und in unserer Alltagserfahrung weiter.

Kontinuitäten bestehen nicht nur in den fundamentalen Kräften des Säkularismus und Kapitalismus. Mit der Dominanz der Werbung wird die Vertauschung und Durchdringung öffentlicher und privater Bildwelten weitergetrieben. Kunst wird nach wie vor als Gegenbild zur Wirklichkeit angesehen und nicht als Teil von ihr. Und auch die Art und Weise, wie wir uns in der Öffentlichkeit verhalten, ist weiterhin von konzentrierter, aber passiver Beobachtung geprägt.[37]

Der gegenwärtige transnationale Kapitalismus weist jedoch auch einschneidend neue Qualitäten auf. Durch den Aufstieg der Medien und der Werbeindustrie werden die »*vorkapitalistischen Enklaven der Natur und des Unbewußten*« in historisch einmaliger Weise durchdrungen und »*kolonialisiert*«.[38] Die Erscheinungsformen der Waren müssen, um den Konsum anzuheizen, ständig umgewälzt werden. Damit wir jedoch bereit sind zu konsumieren, müssen unsere herumschwirrenden Wünsche gleichzeitig in diesen veränderten Erscheinungsformen – mittels Werbung und Produktdesign – eingefangen werden.[39]

In unserem spätkapitalistischen Wirtschafts- und Gesellschaftssystem wird die politische und ökonomische Macht aufgrund der Komplexität der Administrationen unsichtbar. Jameson spricht in diesem Zusammenhang von einem »*globalen Hyperraum*« des gegenwärtigen Kapitalismus, in dem es für unser Bewußtsein kaum mehr möglich ist, das globale, transnationale und dezentrierte Kommunikationsgeflecht, in dem wir uns als Individuen befinden, zu begreifen oder unsere Stellung darin zu lokalisieren.[40]

Die gegenwärtige Situation ist paradox: Unsere private Existenz ist in ungeheurem Ausmaß von öffentlichen Entscheidungen und Maßnahmen geregelt und von diesen abhängig. Über die Medien ist das Wissen der unterschiedlichen gesellschaftlichen Gruppen voneinander immens gewachsen. Dennoch werden all diese Bereiche immer weniger zu Gegenständen einer öffentlichen Diskussion. Ganz im Gegenteil wird gegenwärtig versucht, das Problem dadurch zu lösen, indem man die Existenz von Öffentlichkeit überhaupt ignoriert, Intimität und Überschaubarkeit zum Ideal erhebt und allem Unbekannten und allem Fremden mißtraut.[41] Bestimmte Formen von Kultur kommen diesen Sehnsüchten besonders entgegen. Sie bilden ein Rückzugsfeld vom Alltag und fangen in ihren Inszenierungen – ähnlich der Produktwerbung und dem -design – unsere herumschwirrenden Wünsche ein. Sie sind für ihre Betrachter und Betrachterinnen quasi-sakrale Geheimnisse, die mittels einer »Gastronomie des Auges« entdeckt werden können und in denen sich das Gebotene mit persönlichen Motiven, Bildern und Bedeutungen überlagert.

ÄSTHETISCHE INNOVATION

In diesen Wandel von Öffentlichkeit hineinverwoben, hat sich Kultur – ihre Formen und ihre gesellschaftliche Funktionsbestimmung – verändert. Mit der Veröffentlichung von Kulturgütern durch das Bürgertum im 18. Jahrhundert wurden diese aus religiösen und höfischen Repräsentationszusammenhängen gelöst, damit aber auch kommerzialisiert. So wurden beispielsweise Theateraufführungen, Konzerte und Ausstellungen mit dem Eintritt gegen Entgelt zur Ware, damit aber auch der Öffentlichkeit zugänglich gemacht. Die Funktion des Marktes blieb jedoch bis in die Mitte des 19. Jahrhunderts auf den Vertrieb und die Verteilung der Kulturgüter beschränkt. In die Qualität der Werke ist der Tauschwert noch nicht eingegangen.[42]

Demgegenüber gehen im 20. Jahrhundert die Gesetze des Marktes auch in die Substanz der Kulturgüter ein und werden ihnen als Gestaltungsgesetze immanent. Sie werden in Inhalt, Form und Kategorie zu Waren. Nicht nur der Vertrieb und die Aufmachung von Kulturprodukten, sondern ihre Erzeugung selbst richtet sich nach Gesichtspunkten der Absatzstrategie.[43]

Die Warenform wird jedoch nicht nur den neu entstehenden Produktionen der Kulturindustrie – wie Filmen, Videos, Romanheften, Schallplatten, Journalen, Zeitschriften und Computerspielen – immanent, sondern geht auch in die sogenannte »hohe Kunst« ein. Seit den sechziger Jahren unseres Jahrhunderts hat sich damit das Verhältnis von »hoher« und kommerzieller Kunst gewandelt. Diese beiden Bereiche, die in der klassischen Moderne streng zu trennen versucht worden sind, sind in hohem Ausmaß gegeneinander durchlässig geworden. Künstler und Künstlerinnen greifen Trivialformen und Genres auf, die von den »klassischen Modernisten« verschmäht wurden.[44] Elemente der Reklame, der »Luna-Parks«, von Fernsehserien und Journalen, Hollywoodfilmen und Romanheften werden jedoch nicht einfach nur zitiert, sondern ihre Gestaltungsweise geht in die Substanz von Architektur, bildender Kunst und Romanen ein.[45] Eine scharfe Trennung zwischen Kunst und Kommerz ist damit nicht mehr möglich. Aber nicht nur Kultur, selbst der Diskurs über Kultur wird verwaltet und zur Ware. Podiumsdiskussionen, Vorträge und Symposien werden mit »Stars« – bekannten Namen – aufgemacht und geschickt in den Medien plaziert. Hohe Eintrittspreise und Teilnehmergebühren sorgen ebenso wie werbewirksam eingestreute Logos von Sponsorship-Firmen und nachträgliche aufwendige Publikationen dafür, daß solche Veranstaltungen zum »guten Geschäft« werden.[46]

Diese Durchdringung von Kulturproduktionen und kulturellen Ereignissen mit wirtschaftlichen und gesellschaftspolitischen Interessen hat mit der Praxis der »Public Relations«, die seit den fünfziger und sechziger Jahren die Öffentlichkeit der westlichen Industrieländer beherrscht, eine neue Qualität erreicht.[47] Mit ihr werden planmäßig Neuigkeiten und Anlässe, die Aufmerksamkeit auf sich ziehen, geschaffen oder schon bestehende genutzt. Wichtig ist dabei, daß eine solche Selbstdarstellung privater Interessen – auf Tagungen, Kongressen, Sportveranstaltungen, Kulturereignissen und auch Ausstellungen – möglichst nicht als Werbung erkennbar ist.[48] Sponsoring-Aktivitäten von medienwirksamen Kulturereignissen dienen der »Imagepflege« großer Industriekonzerne und Firmen. Ihr Nutzen ist dabei nicht unmittelbar ein ökonomischer, sondern ein politischer. Kulturelles Engagement bringt Prestige und Präsenz in der Sphäre von Öffentlichkeit und damit kulturelle Legitimation mit sich.[49] In diese Verquickung von Kulturereignissen und wirtschaftlichen Interessen mit politischer Legitimation ist auch der Kunstjournalismus eingebunden. Die Kunstkritik operiert nicht mehr, wie zur Zeit ihrer Herausbildung im 18. Jahrhundert[50], von einem autonomen Raum aus, sondern ist in die Werbung für und die Vermarktung von Kulturereignissen fix eingeplant.

Wie die Warenform der Kulturgüterproduktion immanent wird, so gehen umgekehrt in verstärktem Ausmaß kulturelle Leistungen in die Produktion, Werbung und Vermarktung aller wirtschaftlichen Güter ein. Avantgardistische Verfahrensweisen finden sich in der Produktwerbung, in kulturindustriellen Produktionen – in Detektivromanen, Science-fiction- oder Horrorfilmen, aber auch in der Mode und im Produktdesign. Im heutigen multinationalen Wirtschaftssystem wird es immer wichtiger, die vom technologischen Stand her ähnlichen Produkte sinnlich ansprechend – exquisit – zu machen. Diese Aufgabe übernehmen Designer und Werbexperten, die Produkte mittels Moden für die Käufer interessant machen. Ihnen kommt, wie Roland Barthes beschreibt, die Aufgabe zu, »(...) vor dem Objekt einen Schleier von Bildern, Motiven und Bedeutungen auszubreiten, es in ein Medium zu tauchen, das zur Klasse der Appetitanreger gehört (...)«, um zum Kauf anzuregen. Jedoch nicht des Gebrauchs wegen,

sondern eben wegen dieser Bilder, Motive und Bedeutungen, die »(...) *die träge Zeit des Verschleißes durch die souveräne Zeit (...) ersetzen, in der das Objekt sich im jährlich stattfindenden Wandel der Mode selbst zerstört.«*[51]
Ästhetische Innovation ist damit zum integralen Bestandteil der Warenproduktion geworden. Ihr kommt unter dem ungeheuren ökonomischen Druck, immer neue Waren produzieren und verkaufen zu müssen, eine beharrlich wichtige Aufgabe und Funktion zu.[52]

Ein Merkmal gegenwärtiger, dominanter Kultur besteht damit in der Durchdringung der ästhetischen Praxis künstlerischer Produktionen mit der des Produktdesigns und der Produktwerbung. Der Kultur kann damit in unserem spätkapitalistischen Gesellschaftssystem keine »*relative Autonomie*« (Marcuse) mehr bescheinigt werden. Dies führte allerdings nicht zur Auflösung oder Aufhebung der Kultur in »Leben«, wie es der marxistischen Utopie der sechziger und siebziger Jahre noch vorschwebte, sondern zu einer ungeheuren Expansion der Kultur in alle Lebensbereiche.[53] In diesen können Kulturereignisse, wie Ausstellungen, Festivitäten und Spektakel unterschiedlichster Art, eine ideologische Funktion übernehmen. Sie zählen damit zu wichtigen Angeboten einer »Mainstream-Kultur«. Um die ideologische Funktion einer solchen »kulturellen Dominanz« klären zu können, müssen wir jedoch genauer betrachten, wie sie selbst beschaffen ist, wo wir auf sie treffen und wie wir uns angesichts dieser Kultur verhalten.

POSTMODERNISMUS

In diesem Teil der Arbeit wird es darum gehen, zu klären, wie die Inszenierungen des gegenwärtigen Kulturbetriebes[54], die als ästhetische Dominante beschreibbar sind, beschaffen sind. Festgemacht werden kann eine solche Beschreibung an der Architektur, deren Theoretisierung der gegenwärtigen Debatte wichtiges Material geliefert hat, sowie an Ausstellungsgestaltungen. Das heißt jedoch nicht, daß diese ästhetische Dominante nicht auch an anderen Kunst- und Kulturformen auftritt. Sie ist auch in Romanen, in Galerien und im Theater, aber auch in Filmen, im Fernsehen und in Vergnügungsparks anzutreffen.

Am Anfang dieses Kapitels wurde für die gegenwärtige dominante Kultur der Begriff »Postmodernismus« gebraucht. In diesem Zusammenhang ist jedoch eine Differenzierung angebracht – die Unterscheidung zwischen Postmoderne *»als sich zusammenballende Ideologie«* und den politisch-kulturellen Bewegungen, auf die der Begriff häufig bezogen wird.[55] Erstere ist – nach Burghart Schmidt – als »*Postmodernismus*« zu bezeichnen, als ein ideologisches Programm mit dem »*neue Gemütlichkeit und neue Anpassung inmitten neuer Krisen*« gepredigt und praktiziert wird.[56] Von dieser sind jene politisch-kulturellen und oppositionellen Bewegungen abzugrenzen, mit denen die Postmoderne in den sechziger Jahren in den USA entstand. Dazu gehörten die gegenkulturellen Bewegungen der Pop-Kunst, der Happenings, der Plakatkunst, des »acid rock«, des Alternativ- und Straßentheaters. Aber auch politische Bewegungen im Umkreis der Frauenbewegung, der Minderheitenkultur und der Schwarzenbewegung, die auf eine »post-männliche«, »post-weiße« und »post-puritanische« Zukunft setzten.[57] Diese Utopien leben in einer »kritischen Postmoderne« weiter. Um diese nicht mit dem oft alles vermengenden Bad der Postmoderne auszuschütten, ist es notwendig, zwischen einer affirmativen und einer kritischen Postmoderne zu unterscheiden, auch wenn Affirmation und Kritik in der Kultur kaum je exakt getrennt werden können. Denn »*Kritik selber erhält oft die Funktion der Affirmation genauso wie bestimmte Formen der Affirmation Widerstände enthalten können.*«[58]

An den Beginn stelle ich drei Inszenierungsbeispiele:

Beispiel 1: »Schöne Kollisionen«

Ähnlich wie Industrieprodukte sind die Gestaltungen des österreichischen Architekten Hans Hollein in Material- und Formwirkung möglichst perfekt gemacht und weisen keinerlei Verarbeitungsspuren auf. Auch das Ruinenhafte, eine Form, die er häufig einsetzt, ist sauber und glattpoliert. Dadurch werden seine historisierenden Zitate »zeitlos«, d. h., sie sind nicht mehr in den historischen Kontext einordenbar, aus dem sie scheinbar entliehen wurden. Ob Jugendstil-, griechisch-klassische oder Südseeanklänge, alles wird zum gleichen zeitlich und räumlich »Entfernten«. Seine Produktionen werden damit gegen das »Zeitliche« gewissermaßen »abgedichtet«. Historisch einordenbar sind sie somit nur mehr in unsere eigene postmodernistische Gegenwart. Sie sind (post-)modern, aber gleichzeitig – da er historisierende Formzitate und Symbole einsetzt – von einer »*überzeitlichen Aura*« umgeben.[59]

Durch diese Verfremdung wird versucht, die Verschleißtendenzen der modernen industriell gefertigten Architektur zu bremsen.[60] Gleichzeitig kann jedoch eine solche Gestaltung, die Archaisches und Traditionelles mit modernster Technik in geglätteten Oberflächen mixt, auch die mit perfektionierter Technik verbundenen Ängste beruhigen, ohne prinzipiell den Fortschrittsoptimismus zu hinterfragen.[61]

Auch Holleins Außeninszenierung der Wiener Ausstellung »Traum und Wirklichkeit« sprach eine solche Sprache (Abb. 10):

Er stellte am Dach des Künstlerhauses in Wien einen aus einem zerstörten Freskoentwurf von Gustav Klimt entlehnten und ins Überlebensgroße monumentalisierten Frauenakt à la femme fatale dem verkleinerten Modell eines Risalits des Karl-Marx-Hofes – einem bedeutenden Beispiel sozialistischen kommunalen Wohnbaus in Wien – gegenüber. Diese beiden Zitate wurden durch den Ausstellungstitel in Neonschrift miteinander verknüpft. Die Frauenfigur wurde aus ihrem Zusammenhang herausgelöst, ins Monumental-Dreidimensionale übersetzt und im Gegensatz zu ihrem Vorbild mit Goldfarbe bemalt. Über den ursprünglichen historischen Zusammenhang dieser »Zitate« sprach diese Gestaltung nicht. Die Goldpatinierung und der weibliche Sexualität verkörpernde Frauenakt boten jedoch – ähnlich einer Kinowerbung – auf unterschiedlichen Ebenen Assoziationsmöglichkeiten an. Die geglättete Gestaltung der Zitate und ihre Verknüpfung durch den Ausstellungstitel in Neonschrift ebneten Widersprüchliches ein. Sie forderten die Betrachtenden jedoch auf, die Gestaltung mit von Werbung geprägten Wahrnehmungsmustern anzusehen.[62]

Holleins Architekturen und Ausstellungen sind damit Beispiele für eine »sinnlich inszenierte«, »sprechende« Gestaltung, die in einer Nähe zur Produktwerbung steht. »*Schöne Kollisionen*«[63] finden aber nur die Gebildeten vor, die jene historisierenden Zitate, mit denen die moderne Technik und Gestaltungsweise kombiniert wird, auch als solche erkennen und einordnen können.

Beispiel 2: »Hyperrealität«

Im »Movieland Wax Museum« von Buena Park, Los Angeles, wird die Präsentation von Historischem, Religiösem, von Kinostars, Märchen, Sagen und Abenteuergeschichten zu einem einzigen durchgängig »wirklichkeitsnahen« Gestaltungszusammenhang verwoben. Eine Sequenz mit der Darstellung von Dracula reiht sich an eine, in der Jesus bei der Bergpredigt dargestellt ist. Ein paar Sequenzen weiter findet sich Fidel Castro neben einer verschneiten Steppenlandschaft mit Doktor Schiwago im Schlitten. Dabei fügt sich Sequenz an Sequenz. Es gibt keine Zwischenräume zwischen den einzelnen Szenen, sondern eine alle miteinander verbindende Gestaltung, die den illusionären Eindruck eines »Ganzen« noch steigert. Reflektierende Spiegel, Bögen und raffinierte Perspektiven machen es schwer, zwischen Realität und Illusion zu unterscheiden.[64] Alle Szenen sind mit großer Detailgenauigkeit nachgebildet, »*(...) denn alles muß wie in Wirklichkeit sein, auch wenn diese Wirklichkeit reinste Erfindung ist.*«[65]

Solche mit vielen Details bestückten bühnenhaften Environments, deren Konzeption auf Geschlossenheit hin angelegt ist, suggerieren die Möglichkeit, Vergangenheit quasi lückenlos und »authentisch« rekonstruieren zu können. Eine verwirrende Mischung von historischen Relikten, wenn solche überhaupt noch verwendet werden, Reproduktionen und Bühnenbildelementen verbindet sich in ihnen zu einem »*Schein geschichtlicher Wahrheit*«.[66] Auch wenn Originale und Rekonstruktionen deutlich auf Texttafeln neben den Environments ausgewiesen werden, ändert dies nichts an ihrer Wirkungsweise. Denn in den Bildern verschwimmt alles zu einem Ensemble, »(...) *das auseinanderzudividieren der Betrachter gar keine Lust hat.*«[67]

Die historische Information wird als »Sensationsstory« präsentiert, in der sich Wahres und Legendäres vermischen. Show- und Theatereffekte stehen dabei im Vordergrund. Vergangenheit muß, um angenommen zu werden, in perfekten Kopien und lebensgroß angeboten und zelebriert werden.[68] Dieser »*Philosophie der Hyperrealität*« liegt eine Konsumideologie zugrunde. Vermarktungsstrategien nützen das Prestige von Kunst und die Faszination von Geschichte aus. Mit den hyperrealistischen Inszenierungen haben Kunden und Kundinnen »(...) *more and more und nichts mehr zu wünschen.*«[69]

Beispiel 3: Inszenierte Erlebnisräume

Der Bühnenbildner Hans Hoffer gestaltete ein »Besuchertheater«, in dem er die Besucher aufforderte als »Akteure« mitzuwirken.[70] Die Ausstellung wurde unter dem Titel »A.E.I.O.U. Mythos Gegenwart. Der österreichische Beitrag« 1985 in Stein an der Donau in den Räumen der ehemaligen Virginiafabrik präsentiert. Er konzipierte die Schau als »*Raumskulptur*«, in der »*kein didaktischer Bildungsweg*« entstehen sollte, sondern eine möglichst dichte »*Abfolge von Erlebnisräumen*«.[71]

Die Themenstellung dieser Präsentation ist nicht leicht zu fassen. Es geht um Österreicher (kaum um Österreicherinnen), die im Ausland »*Bedeutendes*« geleistet oder »*bedeutende*« Positionen eingenommen haben, und um deren Beitrag zum »*Mythos Gegenwart*«.[72] »Bedeutung« wird dabei vor allem als Bekanntheitsgrad von Namen verstanden. Der Grund, warum diese Menschen im Ausland lebten, ob sie zur Emigration gezwungen wurden oder aus Steuergründen, aus Karrieregründen oder »einfach so« im Ausland lebten oder leben, war kein Kriterium. Zugutezuhalten ist der Ausstellung jedoch, daß sie den Nationalsozialismus zu einem ihrer Angelpunkte machte. Doch was sah und hörte man eigentlich?

Die Buchstabenfolge A. E. I. O. U. war – ähnlich einer Riesenskulptur und weithin sichtbar – in die Weinberge nahe dem Ausstellungsgebäude montiert. Im Eingangsbereich der Ausstellung traf man auf eine simulierte Ausgrabung; der Eingang selbst war mit einem rot-weiß-roten erstarrten Fahnenfaltenwurf verkleidet, hinter dem man in die Ausstellung schlüpfte. Dort wartete ein barocker Kulissenraum mit Pfählen, auf denen, in Gold geschrieben, Namen standen; weiter ging es in einen aus rohen Ziegeln gestalteten Gang mit der Tafel »Marienthal«, in dem auch die Kasse untergebracht war. In der nächsten Station befand man sich auf einer Rednertribüne mit Mikrophon, davor eine bleifarbene simulierte Menschenmenge, im Raum schwarze Fahnen mit der Aufschrift

»Masse und Macht« und Texten, die für die offene Gesellschaft plädierten. Durch einen spiralenförmigen Gang, der einen in einer Gegenspirale wieder entließ, ging man weiter und hörte eine Frauenstimme, die ein Gedicht las. An den Wänden befanden sich wieder Texte. Am Ende traf man auf eine Liftkabine, in der man in das Dachgeschoß der Fabrik transportiert wurde – begleitet von einem Gedicht. Der Weg durch die Ausstellung führte noch durch viele weitere »Erlebnisräume«, um am Ende die Besuchenden auf eine Bühne zu entlassen, auf der sie sich selbst – über Monitore – beobachten konnten.

Das Abschreiten dieses Weges und die »Totalinszenierung« mit großen Bildern, Farbe, Licht und Ton war amüsant, lustvoll und phantasiereich, für einige mag es auch »Wiedererkennungsmomente« gegeben haben. Was wurde aber an Inhalten über diese Inszenierung transportiert?

Daß es sich beispielsweise bei dem Relief im Weinberg um eine Anspielung auf Hollywood, wo viele Österreicher bekannt wurden, bei dem barocken Kulissenraum um eine Simulation des chinesischen Kabinetts von Schönbrunn und bei den in Gold geschriebenen Namen auf den Pfählen um Begründer der Moderne handelte, mußte man ebenso schon vor dem Betreten der Ausstellung wissen, wie man von der Studie über die »Arbeitlosen von Marienthal« aus dem Jahr 1933 zumindest gehört haben mußte, auf die im Eingangsbereich angespielt wurde. Zu wissen, daß der unverputzte Ziegelgang (Abb. 7) auf die »*harte wirtschaftliche Realität der Zwischenkriegszeit*«[73] hinweisen soll, ergibt sich nicht daraus, daß man sich in einem unverputzten Ziegelgang um Karten anstellen muß – etwas, das auf eine Arbeitslosenschlange verweisen sollte. »Sehen« ist nicht gleichzusetzen mit »Wissen«. Wenn nicht ein bestimmtes Wissen und damit weniger Möglichkeiten zur Anknüpfung von Assoziationsketten mitgebracht werden, sieht man unter Umständen nur den »*Finger, der zeigt, aber nicht, was er zeigt.*«[74]

Nun könnte man behaupten, Wissen zu vermitteln, sei auch nicht der erste Anspruch der Ausstellung gewesen. Sie wollte die Besuchenden zu »Akteuren« machen, die eigene Bilder produzieren. Dabei stellt sich allerdings die Frage, ob ein alternativer Vorführungsmodus allein die festgefahrenen Verhaltensweisen des passiven Beobachtens in öffentlichen Räumen – und eine Ausstellung ist ein solcher – verändern kann. Dies ist nicht nur grundsätzlich unwahrscheinlich[75], sondern auch deshalb, da die Besucher und Besucherinnen erst am Schluß der Ausstellung – durch die Bühne und das eigene Bild in den Monitoren (Abb. 8) – darauf aufmerksam gemacht wurden, daß eigentlich etwas anderes von ihnen verlangt gewesen wäre als in anderen Ausstellungen.

Nach all den »Schauerlebnissen« konnte man diese Ausstellung dann auch kaum nach dem Standpunkt diskutieren, daß jener Patriotismus, den die Ausstellung unterschwellig doch vermittelte, in der damaligen Gegenwart Österreichs nicht begrüßenswert war. Dies zeigt jedoch, daß sinnliche Attraktivität und ein verselbständigter medialer Reiz sehr wohl auch mit »*Ideologischem gesättigt*« sein können.[76]

Dieser Vorspann sollte anschaulich machen, wie unterschiedlich in Ausstellungen derzeit »in Szene gesetzt« wird. Die beschriebenen Inszenierungstypen werden gegenwärtig zwar selten durchgängig praktiziert, als Elemente tauchen sie aber sehr wohl in vielen Ausstellungen auf. Obwohl diese Inszenierungen sehr unterschiedlich scheinen, weisen sie dennoch Gemeinsamkeiten auf, die für die gegenwärtige kulturelle Dominanz symptomatisch sind.

Gesellschaftliche Hieroglyphen

In den vorgestellen Inszenierungsbeispielen wird nach ähnlichen Prinzipien verfahren, wie sie von der Produktwerbung praktiziert werden. In dieser werden die Gegenstände zeitweilig mit »*einer Aura aus Fremdheit und Mystifikation umgeben*«, um die Kunden und Kundinnen anzuregen, die Dinge über ihre Brauchbarkeit hinaus mit persönlichen Bedeutungen, mit Assoziationen zu umgeben und schließlich zu kaufen.[77] Die Produkte werden dabei gleichzeitig mit einem scheinbar durch sie vermittelten Mythos sichtbar. Sie werden zu »*gesellschaftlichen Hieroglyphen*«, deren Geheimnis die Menschen zu entschlüsseln suchen. Diese Konsumpsychologie bezeichnet Marx als »*Warenfetischismus*«.[78] Durch diesen werden die Dinge aus greifbaren, nachvollziehbaren Zusammenhängen herausgerückt, und ihr Gebrauchswert und Entstehungszusammenhang verschwinden hinter einer »*auratischen Ferne*«. Eine solche »*magische Ausstrahlung*« »*umschmeichelt*« sowohl die Konsumgüter der Produktwerbung als auch bestimmte Inszenierungen des Kulturbetriebs und »*bringt sie zum ›Sprechen‹*«.[79]

Das gegenwärtige Inszenieren von Historischem in kulissenhaften Altstädten, Ausstellungen, History-lands und auf Stadtfesten hängt somit mit der Inszenierung des Warenangebotes in unserer Gesellschaft eng zusammen.[80] Dabei stellt sich die Frage, ob solche Inszenierungsformen näher an Inhalte heranführen oder diese nicht eher zudecken.[81]

Ästhetischer Populismus

Die verschiedenen Richtungen der Postmoderne sind von der, wie Jameson es ausdrückt, »*korrumpierten Welt*« der kommerziellen Zeichensysteme fasziniert, sie bedienen sich einer populären Sprache, ihrer Vokabeln und ihrer Syntax.[82] So plädiert beispielsweise der amerikanische Architekt Robert Venturi dafür, von den architektonischen Gestaltungen des »Strip von Las Vegas« zu lernen.[83] Die Forderung nach einer solchen »populären Sprache« wird mit dem Argument untermauert, daß die Moderne von einem Auseinanderklaffen zwischen einer extrem spezialisierten und auf sich selbst bezogenen Sphäre der Kultur und der Alltagswelt, den Wünschen und Wahrnehmungsgewohnheiten der Bevölkerung charakterisiert sei.[84] Angesichts dieser von postmodernen Theoretikern und Theoretikerinnen aufgeworfenen Problematik stellt sich die Frage, ob diese »Störungen« zwischen Kunstschaffenden und der Bevölkerung durch die von ihnen protegierte Gestaltung überwunden oder »zementiert« werden. Manche Positionen in der gegenwärtigen Theoriebildung lassen eher auf letzteres schließen:

So möchte beispielsweise der Architekt Charles Jencks diese »Störungen« durch eine »Doppelcodierung« aufheben. An dieser »*doppelcodierten Architektur*« sollen »*Architekten die darin enthaltenen Metaphern und die subtile Bedeutung (...) ablesen, während das Publikum die expliziten Metaphern und Aussagen erfaßt.*«[85] Denn die Postmoderne versucht – so Jencks – »*(...) den Anspruch des Elitären zu überwinden, nicht durch Aufgabe desselben, sondern durch Erweiterung der Sprache der Architektur in verschiedenen Richtungen, zum Bodenständigen, zur Überlieferung und zum kommerziellen Jargon der Straße. Daher die Doppelcodierung, die Architektur, welche die Elite und den Mann auf der Straße anspricht.*«[86] Er rekurriert dabei auf – anscheinend über Meinungsumfragen ermittelbare – Bedürfnisse zweier Menschentypen. Die »Störungen« zwischen gebauter Umwelt und der mit ihr lebenden Bevölkerung werden von einer solchen anbiedernden Form der Gestaltung jedoch gerade nicht überwunden, sondern überspielt.[87]

Waren die sechziger und siebziger Jahre von einer Kritik der Warenästhetik geprägt, so erfährt diese gegenwärtig in postmodernistischen Gestaltungen so etwas wie ihre Rehabilitierung. Doch die Kritik der Warenästhetik läßt sich – wie Burghart Schmidt feststellt – nicht erledigen, indem man sich auf empirisch ermittelbare Bedürfnisse und Wünsche der »Massen« bezieht. Denn »*(...) die ungeheuerliche Beweglichkeit der Wunschproduktion verweist schon darauf, daß hier nicht von demoskopisch abfragbaren Bedürfnissen gehandelt werden kann, deren Abfragbarkeit auf ihrer Verdinglichung, ihrer vereisten Erstarrung beruht.*«[88] Das Interessante – beispielsweise an neuen Produkten – ist damit nicht, daß sie unseren Bedürfnissen entsprechen, sondern daß sie sich einnisten »*(...) in den Bruch zwischen eingewohntem Bedürfnis und ungewohntem Wunsch*«.[89]

Die Kritik prinzipiell gegen eine Mehrfachcodierung oder die Verwendung einer »populären Sprache« richten zu wollen wäre absurd, angesichts der vielen produktiven und unverkrampften Versuche vieler Künstler und Künstlerinnen, die Grenze zwischen »hoher« und »kommerzieller Kunst« zu überwinden. Kritik muß jedoch dort ansetzen, wo mit unterschiedlichen Codes auf dem »*Markt der Ideologienachfrage*« spekuliert wird.[90]

Abb. 5   Einblick in einen Schauraum des Museums für das Fürstentum Lüneburg.

Abb. 6   Einblick in denselben Schauraum, verändert durch die
Installation »Altar, ohne Titel« (1991) von Claudia Rahayel.

Abb. 7   Kassenbereich der Ausstellung »A.E.I.O.U. Mythos Gegenwart.
Der österreichische Beitrag« (Stein 1985).

Abb. 8   »Besuchertheater« der Ausstellung »A.E.I.O.U. Mythos Gegenwart.
Der österreichische Beitrag« (Stein 1985).

Bildersprache

Postmoderne Gestaltungen sollen aber nicht nur »populär sprechen«, sondern dies auch in einer sinnlichen und bildhaften Art und Weise. Sie setzen verstärkt »Bildsymbole« ein, »Metaphern«, die Bedeutungen in sich tragen und zu »Assoziationen« verführen wollen. Paradigmatisch dafür ist eine Ausstellungsgestaltung, die verstärkt auf »Bilder« setzt, aber auch auf eine neue »sinnlich sprechende« Architektur. Mit dieser Hinwendung zu einer sinnlich-bildhaften Formensprache will man auf die »Bildsymbolhaftigkeit« der Gegenwart reagieren. Damit ist gemeint, daß in der Kulturgüterproduktion des 20. Jahrhunderts immer mehr Mitteilungen, die in Bild und Ton übersetzt werden, an die Stelle literarischer Formen der Übermittlung treten.[91] Marshal McLuhan zieht daraus den Schluß, daß wir an der Schwelle zum »*bildsymbolischen oder elektrischen Zeitalter*« stehen, das von den Computer- und Massenmedien geprägt ist.[92]

In den unterschiedlichsten kulturellen Bereichen – in der Unterhaltungsindustrie, in wissenschaftlichen Publikationen und in der neuen »sprechenden« Architektur – wird verstärkt mit Bildsymbolen gearbeitet. Diese liefern zusammen mit den durch die Kombination mehrerer Bilder entstehenden Montagen eine vieldeutige Sofortinformation, die, so wird argumentiert, der schnellebigen und abwechslungsorientierten Kultur der westlichen Industrieländer entspricht.[93] Dieses Argument mag durchaus zutreffend sein, wie auch ein weiteres, das häufig vorgebracht wird und besagt, daß bildhaft Arrangiertes auf ein Publikum, das den Umgang mit Bildmedien gewöhnt ist, größere Anziehungskraft ausübt als Geschriebenes.[94]

Dennoch ist damit nicht gesagt, daß viele Metaphern, viele Bilder per se für eine gelungene und verbesserte Kommunikation stehen: Man kann auch viel sprechen und eigentlich überhaupt nichts »aussagen«.[95] Indem eine »sinnlich sprechende« Gestaltung einfach mit vermehrter und verbesserter Kommunikation zwischen Gestaltenden und Betrachtenden gleichgesetzt oder ein sinnlich-spielerisches Vergnügen an sich gefordert wird, übergeht man die eigentlich zentralen Fragen an eine Gestaltung, wie sie Fischer am Beispiel der Architektur formuliert: Fragen, die jene nach dem »Warum«, nach dem Zweck und der Funktion einer Gestaltung, um »*(...) die Fragen ›Wie?‹, ›Für wen?‹, ›Warum so und nicht anders?‹*«[96] erweitern.

Um den verstärkten Einsatz von Bildsymbolen in postmodernen Gestaltungen jedoch differenzierter beurteilen zu können, müssen wir uns weiter ansehen, wie die »Substanz« dieser Bilder beschaffen ist, wie sie gemacht und verwendet werden.

Hüllen

Die präsentierten Bildsymbole sind häufig ihrer Geschichtlichkeit entkleidet. Die mit ihnen bestückten Gestaltungen werden dadurch zu »*reinen Oberflächen*«.[97] Dies geschieht durch ein beliebiges Verwenden und Kombinieren der unterschiedlichsten aus ihrem historischen Zusammenhang gelösten Bilder, Embleme und Stilelemente. Sie sind damit nicht mehr auf jene umfassendere historische oder räumliche Realität beziehbar, der sie entliehen sind, und dadurch vor allem ästhetisch erfahrbar.[98] Sie werden zu verspielt-bildhaften, metaphernreichen Oberflächen kombiniert und damit zu Hüllen. Elemente vergangener Stile werden dadurch zu Modeattributen und die Bauten zu »*dekorierten Schuppen*«, wie Robert Venturi, Architekt und Befürworter dieser Art von Gestaltung, sie bezeichnet.[99]

Die »*Abdichtung gegen das Zeitliche*« und die damit zusammenhängende Betonung der Oberfläche resultiert aber auch aus der Art und Weise, wie diese Produkte hergestellt werden: Durch ihre industrielle Fertigung entstehen Bildwelten, die ganz perfekt gemacht sind und keinerlei Verarbeitungsspuren mehr aufweisen.[100]

Historizismus

Ideen, Bauelemente und Bildsymbole aus der unüberschaubaren Sammlung des imaginären Museums einer neuen weltweiten Kultur werden beliebig zitiert und nachgeahmt. Architekturen und Ausstellungsinszenierungen werden dadurch zu Kulissen kombinierter Versatzstücke. Ein wachsendes Primat des »Neo« ist damit als weiteres Kennzeichen gegenwärtiger »kultureller Dominanz« festzustellen.[101] Dabei folgen die Gestaltenden häufig einer »*Ideologie des posthistoire*«, der »*(...) alles Geschichtliche (...) gleichermaßen eingereiht, serialisiert und zugleich durcheinandergeschüttelt, zufallsvermischt als Repertoire für blindes Selektieren (...)*« vorliegt.[102] Diese Form der Verfügung über Historisches wird auch als »*zeitgenössischer Eklektizismus*«[103] oder »*neuer Historizismus*«[104] bezeichnet.

Die so gestalteten Inszenierungen, die Modernes mit Archaik, Exotik und traditionellen Formzitaten in geglätteten Oberflächen mischen, stehen zur Gegenwart in der undefinierten Beziehung des historisch und räumlich »*weit Entfernten*«. Bezüge oder Widersprüche zwischen dem, was quer durch die Zeiten und Räume aufgegriffen und kombiniert wird, werden jedoch nicht dargestellt.[105]

Erinnerungskultur?

Die vielfältige Verwendung historisierender Formzitate könnte zu dem Gedanken verführen, daß damit an Vergangenheit erinnert werden soll. Die Art und Weise, wie diese Formzitate fabriziert und eingesetzt werden, zeigt jedoch, daß diese Erinnerung an Vergangenes nur eine scheinbare ist. Es werden Bilder der Vergangenheit produziert, deren historische und gesellschaftliche »Referenten« dabei zunehmend abhanden kommen. Wir stehen somit, mit Jameson gesprochen, immer öfter vor einer »(...) Kunst der Imitate, der ihr Original entschwunden ist.«[106]

Für diese Praxis übernimmt er von Platon den Begriff des »*Simulakrums*«. Er bedeutet, daß eine identische Kopie von etwas produziert wird, das in dieser Form als Original nie existiert hat.[107] Mit diesen »Simulakren« werden »*Wahrnehmungsfelder der Vortäuschung*« erzeugt, die den Charakter einer inszenierten oder simulierten Wirklichkeit annehmen. Da solcherart gestaltete Ausstellungsinszenierungen, Altstadtrenovierungen oder historische Stadtfeste diese Simulationsprozesse meist nicht bewußt halten, kann kaum mehr auf eine dahinterliegende Wirklichkeit rückgeschlossen werden.[108] In dieser Praxis der ästhetischen Gestaltung geht es somit nicht um Erinnerung. Burghart Schmidt bezeichnet deshalb den »›*zeitgenössischen Eklektizismus*‹ mit seinem wahllosen (aber nur scheinbaren A. S.) *Erinnern*« als »*die Strategie des Vergessens*« der Postmoderne.[109]

Das Kombinieren und Zitieren von zeitlich oder räumlich Entferntem führt jedoch nicht nur dazu, daß die historischen und gesellschaftlichen Referenten des Zitierten vergessen gemacht werden. Es begründet auch eine neue Art des Erlebens von Geschichte(n), die suggeriert, daß unsere westliche Kultur sich alles, sämtliche Elemente fremder und vergangener Kulturen, einverleiben kann, und weiters, daß alle diese Elemente sich schnell und bequem aneignen lassen.[110] Diese Form der Kultur verbindet sich damit mit einer Ideologie der globalen Hegemonie unserer westlichen Kultur, die den »*Überbau*« einer westlichen Militär- und Wirtschaftsvorherrschaft darstellt.[111]

Mythen

Diese Oberflächen sind damit nicht »leer«, wie oft behauptet wird. In ihnen werden neue »Mythen« vermittelt – klischeehafte und stereotype Bilder von vergangenen und fremden Kulturen.

Nach Barthes tragen die Dinge Bedeutungen mit sich, die mit einer exakten Beschreibung nicht zu fassen sind. Er nennt dies den »*Ausdruckswert*« eines Gegenstands. Obwohl uns diese Bedeutungen als spontanes, unmittelbares, persönliches Empfinden erscheinen, sind sie Produkt von Erziehung, Bildung und gemeinsamer Erfahrung mit anderen, d. h. von Tradierung. Die Dinge und das, was von ihnen als Ausdruckswert hervorgerufen wird, bilden zusammenwirkend eine Struktur, die durch Konvention wirksam ist. In diese Struktur nisten sich Mythen ein. Die Dinge erhalten damit zwar einen konventionellen Ausdruckswert, diesen tragen sie jedoch nicht an sich, sondern er wird ihnen zudiktiert. Die Beziehung zwischen Ausdruckswert und Ding wird gegenwärtig sehr schnell geändert, so daß wir zu immer neuen mythischen Strukturen gelangen. In unserer gegenwärtigen Alltagserfahrung werden wir permanent mit neuen Mythenbildungen konfrontiert. Schmidt bezeichnet dies als »ständige Innovierung« des Mythischen.[112]

Die mit den kulturell dominanten Inszenierungen zusammenhängenden Mythenbildungen haben gegenwärtig eine ideologische Funktion. Dagegen versuchen andere, »oppositionelle« Gestalter und Gestalterinnen mit ihren Produktionen, die ebenfalls Merkmale wie »sinnliches Sprechen«, Bildsymbolhaftigkeit, populäre Formen und »reine Oberflächen« aufweisen können, genau diese ideologische Funktion solcher Mythen bewußt zu machen.[113] Schmidt plädiert in diesem Zusammenhang für die Überwindung der ideologischen Funktion am Mythos. Dagegen ist Kunst und Kultur für ihn immer auf solche mythischen Strukturen verwiesen. Es gibt aber auch Mythen, in denen eine revoltierende Utopie steckt, die, wenn sie nicht erstarrt oder fixiert bleiben, subversive Wunschwelten einer möglichen Wirklichkeit bilden können.[114]

DER TEXT DER STÄDTE

Auf diese Formen von Inszenierung treffen wir in Städten, deren bauliche Substanz sich in den letzten hundert Jahren sehr schnell und in großer Radikalität verändert hat. In den letzten 20 Jahren wurden wir auf Probleme, die modernes Bauen im 20. Jahrhundert, vor allem nach dem Zweiten Weltkrieg, ausgelöst hat, verstärkt aufmerksam gemacht. Unter anderem auch von postmodernen Theoretikern und Theoretikerinnen, die der modernen Art des Bauens eine neue – postmoderne – entgegenstellen wollen.

In der Kritik sind sich unterschiedliche theoretische Richtungen einig: Angelastet wird dem Bauen, das gemeinhin als »modern« bezeichnet wird, daß in ihm oft wenig Rücksicht auf das Problem der Verständigung, auf Konventionen, genommen wurde.[115] Die gebaute Sprache der Architekten und ihrer Auftraggeber und die Wünsche und Wahrnehmungsgewohnheiten der Bevölkerung klafften zunehmend auseinander.[116] Abgelehnt wurde und wird diese Art von Architektur aber auch deshalb, weil sie bis auf einige Musterbauten den Wohnbedürfnissen der in ihr lebenden Menschen kaum entspricht: Die Wände sind zu dünn, die

Zimmer zu klein und die Bausubstanz oft schlecht. Dazu gesellt sich Kritik am fehlenden Umweltbezug dieser Architektur, ihrem Zusammenschluß zu monumentalen Großprojekten und Spekulationsgebirgen, der autogerechten Zerstörung der City und der Massenproduktion von Einheitsarchitektur.[117]

Ein weiteres Problem der Stadtentwicklung seit dem 19. Jahrhundert liegt aber auch darin, daß die Städte zunehmend atomisiert, d. h. in verschiedene Räume aufgespalten wurden, die einem bestimmten einzigen Zweck dienen. Es entstanden monofunktionale Stadtviertel, die überwiegend von Wohlhabenden, und andere, die hauptsächlich von ärmeren Bevölkerungsschichten bewohnt wurden, diese jedoch wiederum abgekoppelt von Klinikzentren, Schularealen und Freizeitinseln. Diese Atomisierung oder Entflechtung der Städte hat nach Sennett eine wichtige Komponente des öffentlichen Raumes zerstört: die Überlagerung mehrerer Funktionen auf einem Territorium, das dadurch zu einem komplexen Erfahrungsraum wird. Dadurch fehlt den einzelnen »Stadtatomen« Urbanität.[118]

Durch den Monofunktionalismus und die Abkoppelung der Sprache der Architektur von den Wohnbedürfnissen und Wahrnehmungsgewohnheiten der Bevölkerung entstanden »Störungen« zwischen dieser und der gebauten Umwelt. In der Frage, wie diese »Störungen« zu beheben sind, scheiden sich allerdings die Geister: In den siebziger Jahren gab es Bestrebungen, diese Kluft durch ein Einbeziehen der zukünftigen Benutzenden und Bewohnenden in den Gestaltungs- und Planungsprozeß ihres Lebensraumes zu verringern. Gegenwärtig gehen die dominierenden Bestrebungen allerdings wieder in eine andere Richtung. Zwar versuchen aktuelle, postmodern genannte Architekturströmungen den Wahrnehmungsgewohnheiten wieder zu entsprechen. Dies allerdings häufig eher durch eine Fassadenkosmetik, die traditionelle, regionale und populäre Formen zitiert, als durch eine Neuformulierung komplexer Gebilde. An der Funktion der Gebäude, ihrer Konstruktion, ihrer Ausstattung, ihren Materialien und ihrer räumlichen Konzeption wird nichts verbessert. Sie werden durch das Bestücken mit historisierenden oder populären Zitaten nicht besser bewohnbar und benutzbar, sondern »netter« anzuschauen – und auch das nicht immer und nicht für alle.[119]

Der politischen Befriedung dient Kultur aber auch dort, wo jahrzehntelang verplante Großstadtgebiete und von der Kulturpolitik vernachlässigte Regionen mit temporären historisierenden Kulturereignissen oder Neubauten von Kulturtempeln »aufgeputzt« werden. Einerseits, um die Abwanderungswellen aus diesen Gebieten zu stoppen und den Tourismus anzuheizen, andererseits aber auch, um Städten, wie beispielsweise Frankfurt am Main oder Mailand, die auf Arbeitnehmergruppen, die auf gehobenes kulturelles Angebot bestehen, angewiesen sind, ein attraktiveres »Arbeitsplatzimage« zu verleihen.[120] Die Probleme der Städte werden dabei auf Fragen der Gestaltung und der Dekoration verkürzt. Lebensverhältnisse, Gesellschaft und Geschichte geraten aus dem Blick.

»Störungen« in der Kommunikation existieren allerdings nicht nur zwischen der gebauten Umwelt und den Wünschen und Wahrnehmungsgewohnheiten der Bevölkerung, sondern auch zwischen institutionalisierter Politik und ihrem Wählerpublikum. Denn die gegenwärtige politische Praxis ist davon gekennzeichnet, daß Kompromisse und Vereinbarungen von den Parteien, den Gewerkschaften und anderen Verbänden und Organisationen, wie der Industriellenvereinigung und den Kammern, in den meisten Fällen außerparlamentarisch unter Ausschluß der Öffentlichkeit getroffen werden. Gesetzesnovellierungen und politische Maßnahmen werden meist nach demselben Modus entschieden. Die sozialpartnerschaftliche Praxis in Österreich ist ein Musterbeispiel dafür.

Obwohl die Kompromißbildungen intern erfolgen, sind sie dennoch auf öffentliche Zustimmung angewiesen. Einerseits deshalb, weil sich diese Organisationen und Parteien selbst als in Kontinuität mit den bürgerlich-demokratischen Verfahrensweisen stehend definieren und daher von ihrem Selbstverständnis her prinzipiell einem Öffentlichkeitsanspruch verhaftet sind.[121] Andererseits aber auch, weil sie eine Zustimmungsbereitschaft mobilisieren wollen, die in Wahlentscheidungen münden soll.[122]

Die inszenierte Kultur der Massenmedien und Kulturereignisse überspielt diese Kommunikationsdefizite zwischen den persönlichen und nicht öffentlich diskutierten Meinungen, Erfahrungen und Wünschen von Menschen verschiedenster sozialer Gefüge auf der einen und den institutionell autorisierten Verlautbarungen, Maßnahmen, Entscheidungs- und Kompromißfindungen von Gruppen, die am politischen Machtvollzug und an politischer Kompromißbildung beteiligt sind, auf der anderen Seite.[123] »Kommunikation« wird nun insofern hergestellt, indem Prestige vor einem Wählerpublikum entfaltet und »Öffentlichkeit« damit inszeniert wird. Eine derart inszenierte »Öffentlichkeit« bemühen Gruppen, die am politischen Machtvollzug und an politischer Kompromißbildung beteiligt sind, um sich politischen Konsens zu sichern. Für diesen Akt der Herstellung von Öffentlichkeit – übernimmt Habermas von Altmann den Begriff der »*Kommunifikation*«.[124]

Werbefachleute verkaufen über Fernsehauftritte, Printmedien, aber auch Kultur- und Sportveranstaltungen Politik auf scheinbar unpolitische Weise und treten vor allem zu Wahlkampfzeiten zu einer – wie Habermas sie nennt – »*wahlperiodischen Neuinszenierung der Öffentlichkeit*«[125] an. Dabei wird der Bereich der Politik sozialpsychologisch der von Werbung durchzogenen Konsumkultur integriert. In der Produktwerbung werden die Waren mit Bildern, Motiven und Bedeutungen verbrämt, um die Kunden und Kundinnen zum Kauf zu verführen. Auch Werbemanager der Parteien und sonstigen »Veranstalter von

Politik« verbrämen das Erscheinungsbld ihrer Kandidaten und Kandidatinnen mit Bildern, Motiven und Empfindungen – mit »Persönlichkeit« –, um sie »attraktiv« und damit wählbar zu machen.[126]

Medien und Orte dieser inszenierten »Öffentlichkeit« sind einerseits die Massenmedien, wie Zeitungen, Zeitschriften, Plakate, Radio und Fernsehen, aber auch Kulturereignisse in unterschiedlicher Form, von der Ausstellungseröffnung bis zum Stadtfest. Der Subventionierung und dem Sponsoring von kulturellen Veranstaltungen kommt dabei auch deshalb eine besondere Bedeutung zu, da sie – zumindest teilweise – die Kommunikationsdefizite zwischen Wirtschaft, Politik und der Bevölkerung wettmachen können, ohne daß direkt politisch brisante Fragen angesprochen werden müssen.[127]

Eine solche Form von inszenierter Kultur wird auch als »Integrationskultur« bezeichnet. »*Integration*« meint die »*Verbindung einer Vielheit von einzelnen Personen oder Gruppen zu einer gesellschaftlichen und kulturellen Einheit*«.[128] »Integrationskultur« bedeutet, daß die Herstellung einer solchen Einheit über inszenierte Kulturereignisse und über ein massenmedial vermitteltes Kulturangebot passiert.[129] In ihr durchdringen sich Kulturproduktionen mit wirtschaftlichen Interessen und politischer Legitimation.

METAFUNKTIONEN VON AUSSTELLUNGEN

Kulturhistorische Großausstellungen nahmen in den letzten zwei Jahrzehnten im Rahmen dieser »Integrationskultur« eine stetig wachsende Bedeutung ein. Sie sind billiger, relativ schnell produzierbar und damit flexibler als beispielsweise die »schwerfälligeren« Museen. Sie lassen sich daher leichter je gegenwärtigen Situationen und aktuellen politischen und wirtschaftlichen Interessenslagen anpassen. Der Ausstellungsbetrieb ist daher, so Fliedl, besonders anfällig für die »*Forcierung von Metafunktionen*«[130]: Denn Ausstellungen sind wirtschaftlich relevant, bieten Foren für politische und öffentlichkeitswirksame Darstellung und für die verschiedensten Angebote national oder territorial gefärbter Wir-Identitäten.

Kultur als Wirtschaftsfaktor

Eine dieser »Metafunktionen« ist die wirtschaftliche Relevanz von Ausstellungen, da der Kulturbetrieb auch als Wirtschaftsunternehmung mit kulturellen Gütern fungiert. Transportfirmen, Verlage, Reisebüros, Verkehrsunternehmen, Hotel- und Restaurantbetriebe, Bauunternehmen, Andenkenläden und Boutiquen spekulieren auf Kultur. Denn nur mit dem Hinweis auf bestimmte »Kulturschätze« kann ein großes Publikum zum Besuch überredet werden.[131]

Ausstellungen setzen in diesem »(...) *Supermarkt des kulturellen Warenangebots enorme ›Summen‹ um.*«[132]. Mit ihnen wird eine Beschäftigungsindustrie großen Ausmaßes bewegt: Speditionen, Versicherungen, Verlage und Druckereien, Reinigungsfirmen, Graphikstudios, Bewachungsdienste, Werbeargenturen und Baufirmen sind an der Realisierung einer Ausstellung beteiligt. Aber auch Arbeitsplätze von Wissenschaftlerinnen, Verwaltungsbeamten, Architekten und Gestalterinnen stehen oder fallen mit Ausstellungsprojekten.[133] Dabei fließt der »Löwenanteil« der Subventionierung und des Sponsorings von Ausstellungen den Dienstleistungsunternehmen und nicht der unmittelbaren künstlerischen oder wissenschaftlichen Arbeit zu.[134]

Zu den Wirtschaftsbranchen und Berufszweigen, die unmittelbar an Ausstellungen geknüpft sind, gesellen sich weiters die Resultate von Begleitmaßnahmen und Wirtschaftsfolgen umfassenderer Art – das, was als ihre »Umwegrentabilität« bezeichnet wird. Ausstellungen steigern das Fremdenverkehrsangebot, sorgen für die Verkehrsauslastung, involvieren das Hotel- und Gaststättengewerbe, beleben den Einzelhandel und beschäftigen die Andenkenindustrie.[135] Ausstellungen nehmen als Wirtschaftsfaktor vor allem im Rahmen der Tourismusindustrie eine zentrale Stellung ein. So begann beispielsweise die »Österreich-Werbung« 1991 eine fünfjährige Werbekampagne unter dem Motto »Austria Imperialis. Auf den Spuren der Habsburger«. Ihre Höhepunkte findet diese Kampagne in mehreren Ausstellungen: 1992 wurde in Tokio die Ausstellung »Der Glanz des Hauses Habsburg« gezeigt, 1994 sollte die Wanderausstellung »Die Habsburger, Glanz und Größe Europas. Zur Kunst und Geschichte Europas vom Mittelalter bis in die Neuzeit« in Wien, Madrid und München zu sehen sein. 1996 mündet die Kampagne in Wien dann direkt in die Tausendjahrfeiern Österreichs. Mit diesem Werbefeldzug will man Regionen, die bisher vom internationalen Tourismus noch nicht entdeckt wurden, bekannt machen und der bis jetzt rein saisonbedingten Auslastung der Fremdenverkehrsbetriebe in manchen Gebieten entgegenwirken. Fluglinien, Verkehrsbetriebe und Reisebüros sind in diese Kampagne eingebunden und bieten einige Arrangements an: die spanische Fluglinie »Iberia« ein »Fly and drive Programm« mit dem Titel »Habsburger«, ein österreichisches Reiseunternehmen eine »Triangel Imperial Tour« nach Wien, Prag und Budapest sowie »k. u. k. Rundreisen«.[136]

Eine solche Verknüpfung von Ausstellungen und Tourismusindustrie ist jedoch nicht erst im 20. Jahrhundert entstanden. Im Zusammenhang mit der ersten Weltausstellung 1851 in London wurde die wirtschaftliche Relevanz von Ausstellungen zum ersten Mal umfassend registriert. Tourismus, Hotelauslastung und Verkaufssteigerungen wurden in Zusammenhang mit den Besucherzahlen der Ausstellung ausgewertet.[137] Unterschiede zur gegenwärtigen Praxis bestehen jedoch darin, daß jetzt Ausstellungen in den Medien inszeniert und damit »flächendeckender« einem größeren Publikum bekannt gemacht werden können. Es werden aber auch immer neue Regionen, Kulturorte und -güter der Tourismusindustrie zugeführt. Eine inszenierte Kultur besetzt somit auch regional gegenwärtig immer weitere Bereiche.

Wirtschaft als Kultur

Firmen und Konzerne setzen mit der Praxis der Public Relations verstärkt auf »Ereigniskultur«. PR-Manager schleusen ihr Material direkt in die Kommunikationskanäle öffentlichkeitswirksamer Veranstaltungen so ein, daß Information, Unterhaltung und Werbung verschmolzen werden. Wichtig ist dabei, daß eine solche Selbstdarstellung privater Interessen nicht als Werbung kenntlich ist. Mit dieser Praxis einer »inszenierten öffentlichen Werbung« werden bestimmte Produkte oder Firmennamen über ein fingiertes Allgemeininteresse bekannt gemacht. Neben Tagungen, Kongressen, Sportveranstaltungen, Preisausschreiben und Kulturfestivitäten bieten auch Ausstellungen in dieser Hinsicht vielfältige Möglichkeiten, die auch weitreichend genutzt werden.[138] Produktwerbung und Werbung für eine Ausstellung ergänzen sich dabei oft gegenseitig.

So betreute beispielsweise Philips die Mozartausstellung 1991 in Wien. Eine Tonschiene zog sich durch das gesamte Ausstellungsareal und versorgte die einzelnen Gestaltungsabschnitte – ähnlich der Musikberieselung in Supermärkten – mit passender Musik. An einem zentralen Durchgang der Ausstellung, den alle Besuchenden passieren mußten, stand ein Hi-Fi-Turm mit der Leuchtschrift: »*Die Musik in dieser Ausstellung kommt von Mozart und Philips.*« Parallel dazu legte Philips das gesamte Mozart-Werk in CD neu auf. Eleganter und billiger – die Ausstellung erhielt Millionen an Subventionen – kann Werbung kaum inszeniert werden.

Das Sponsoring medienwirksamer Ausstellungen dient vor allem der »Imagepflege« von Firmen und Konzernen. Diese involvieren sich bevorzugt in Großprojekte, die im »Paketversand« renommierte Kulturinstitutionen mehrerer Länder passieren.[139] Sponsoringaktivitäten im Bereich des Kulturbetriebs bringen Prestige, Präsenz in der Sphäre von Öffentlichkeit und damit kulturelle Legitimation mit sich.[140]

Bühnen der Politik

Kulturelle Ereignisse im allgemeinen und historische Ausstellungen im besonderen werden als »*Ersatzforen*« oder »*Bühnen*« politischer und öffentlichkeitswirksamer Darstellung interpretiert.[141] Es scheint jedoch überzogen, zu behaupten, sie wären in den letzten Jahrzehnten »(...) *zum politisch bevorzugten Medium der ›Geschichtsvermittlung‹(...)*«[142] avanciert. Als solche nehmen Massenmedien wie das Fernsehen und neuerdings auch Videos und Computerspiele einen wichtigeren Stellenwert ein, da sie ein größeres Publikum erreichen. Ausstellungen nehmen allerdings im Rahmen jener inszenierten Öffentlichkeit, die die Werbeabteilungen von Parteien, Verbänden, Konzernen und anderen Gruppen bemühen, um in der öffentlichen Sphäre präsent zu sein, dennoch eine wichtige Position ein. Einige Beispiele mögen diese »Metafunktion« von Ausstellungen verdeutlichen.

So griff beispielsweise die Ausstellung »Lichtjahre« – 1986 in Wien von der Verbundgesellschaft, Österreichs staatlichem Energiekonzern, veranstaltet – in eine politisch hochbrisante Auseinandersetzung ein. Dies jedoch nicht mittels Argumenten, sondern über eine harmonisierende Inszenierung. Sie propagierte »(...) *zusammen mit einer der aufwendigsten Werbefernsehkampagnen, die Segnungen des technischen Fortschritts und seiner Leitenergie Strom genau zu jenem Zeitpunkt(...)*«, als – wie Fliedl analysiert – »(...) *die Energiewirtschaft mit dem am öffentlichen Widerstand gescheiterten Kraftwerksprojekt Hainburg in eine Legitimationskrise geraten war.*«[143] Andere Beispiele sind die beiden Ausstellungen »Mit uns zieht die neue Zeit. Arbeiterkultur in Österreich 1918–1934« (1981) und »Die ersten 100 Jahre. Österreichische Sozialdemokratie 1888–1988« (1988/89). Sie werden als Antwort der SPÖ auf die »(...) *vorherrschenden monarchistischen Großausstellungen à la Maria Theresia in Schönbrunn (1980)*« gewertet, um sich auch auf kulturellem Gebiet zu behaupten.[144]

Politiker und Politikerinnen können historische Ausstellungen aber auch als Akutmaßnahme zur »Krisenbeschwichtigung« einsetzen. Dies wird in Österreich häufig im Zusammenhang mit Landesausstellungen praktiziert, die bevorzugt in »Krisenregionen« veranstaltet werden. So wurde die steirische Landesausstellung »Menschen, Münzen, Märkte« 1989 in Judenburg abgehalten, in einer Region, die im Zuge der Schließung der »Styria-Werke« extrem hohe Arbeitslosenzahlen und damit zusammenhängend hohe Abwanderungs- und Pendlerraten aufwies. Mit der Ausstellung konnte, zumindest für eine kurze Zeitspanne, das touristische Interesse an dieser Region verstärkt werden. Ob dieses auch weiterführend Folgen hatte bzw. ob neue Arbeitsplätze geschaffen wurden, wagte jedoch bis jetzt noch niemand nachzurechnen. Kulturpolitisches Engagement sollte zumindest nach außen hin und für eine kurze Zeitspanne die sozialpolitische Misere verdecken. Die aktuellen Probleme der Region waren in der Ausstellung jedoch kein Thema.

Integrierende Funktion übernimmt inszenierte Kultur aber auch dann, wenn sie Identifikationsangebote bereitstellt. Inszenierte Ausstellungen bieten beispielsweise national oder territorial gefärbte Wir-Identitäten, Identifikationsmöglichkeiten mit Herrscherdynastien und mit zu »großen Epochen« stilisierten Zeitabschnitten der Vergangenheit an. In all diesen Fällen dienen Ausstellungen der Projektion von Wunschvorstellungen der Gegenwart in die Vergangenheit, die in ihnen aber als »historische Aufträge« präsentiert werden. Die Identifikationsangebote werden dabei den je aktuellen politischen Interessenslagen angepaßt.[145] Auf diese Weise verfuhren vor allem die Epochen-, Regional- und Dynastenausstellungen, die in den siebziger und achtziger Jahren in Österreich, Deutschland und Italien stattgefunden haben. In ihnen stand vorwiegend regionale Identitätsstiftung im Vordergrund. Als Beispiel kann hier die Stuttgarter Staufer-Ausstellung (1977) fungieren. Sie setzte dem Bundesland Baden-Württemberg – damals 25 Jahre alt – ein Denkmal. Mit dem Verweis, daß auch die Kultur der Staufer denselben Territorialzusammenhang umfaßte, sollte politische Einheit durch Identitätsstiftung gefördert werden.[146] Im Katalog der Ausstellung wurde ausdrücklich betont, sich »(...) zu diesem Anlaß auch auf die große gemeinsame Überlieferung dieses südwestdeutschen Raums aus der staufischen Ära zu besinnen und den Versuch zu wagen, einen Bogen zu schlagen zwischen einer großen Vergangenheit und unserer Gegenwart.«[147]

Neben diesen »Regionalidentitäten« wird gegenwärtig auch über Ausstellungen verstärkt versucht, »europäische Identität« zu vermitteln. Dies hatte beispielsweise die von Fiat finanzierte »Großinszenierung« – »i celti – la prima Europa« – im Sinn, die 1991 im Palazzo Grassi in Venedig stattfand. In dieser wurde das heutige Europa in die Zeit der Kelten zurückprojiziert, die auch als »erste Europäer« identifiziert werden. Die »europäische Dimension« dieser Ausstellung entspricht nicht nur der Produktpolitik der Turiner Auto- und Maschinenfabrikanten, sondern ist auch im Kontext des politischen »Zeitgeistes« zu verstehen.[148]

In dieselbe Kerbe soll – wird die Vision Peter Koslowskys für die Weltausstellung in Hannover im Jahr 2000 Wirklichkeit – auch die dafür geplante Ausstellung »Die Ottonen« schlagen. Auch sie soll europäische Identität verankern und die politische Orientierung Deutschlands Richtung Osten historisch legitimieren. Dabei wird die Regierungszeit Ottos III. (996–1002) als »Anfang der deutschen Nation« interpretiert, in der sich die »Öffnung Deutschlands nach Osten« vollzog. Den Ottonen wird weiters »europäischer ›Internationalismus‹« unterschoben.[149] Dieser wird dem Faktum abgerungen, daß Otto III. mit der byzantinischen Prinzessin Theophanu verheiratet war. Wie der Bogen zur Gegenwart zu spannen ist, beschreibt Koslowsky folgendermaßen: »Die Idee der renovatio imperii, die Kaiser Otto III. leitete, gewinnt tausend Jahre später an der Wende zum dritten Jahrtausend erneut an Bedeutung, weil die europäische Einigung sowohl als Erneuerung als auch Verwandlung der Reichsidee eines geeinten Europas anzusehen ist.«[150] Anlaß für die Planung dieser Ausstellung ist das 1000-jährige Jubiläum der Regierungszeit Ottos III. im Jahr 2000.

Dieser Konzeption liegt ein »*statisches Geschichtsdenken*«[151] zugrunde, das die Kategorie des Wandels unterschlägt und sowohl Vergangenes als auch Gegenwärtiges unter dem Motto: »*So wie damals, so auch heute*« subsumiert. Ein »*Erbe der Väter*« wird konstruiert, das gewahrt bleiben oder vollendet werden muß und das eine aktuelle politische Praxis legitimiert.[152] Geschichtsauffassungen wie diese liegen Jubiläumsausstellungen häufig zugrunde. Dabei stößt man auf das Paradox, daß für die Legitimation des modernen, weil prinzipiell aufklärerisch-bildungspolitischen Absichten verpflichteten Mediums Ausstellung gegenüber der Öffentlichkeit meist die vormoderne Vorstellung von einem kalendarischen Zyklus, d. h. ein Jubiläum, bemüht wird.[153] Jubiläumsdaten bieten deshalb ein besonders geeignetes Instrumentarium, da eine runde Zahl von 25, 50, 100 oder 1000 Jahren relativ flexibel für Ausstellungsprojekte konstruiert werden kann.[154] Das moderne Medium (Jubiläums-)Ausstellung steht darüber hinaus durchaus in Kontinuität zu den mythisch-religiösen Ursprüngen von Jubiläen. Denn das Motiv, die Gemeinschaft einer Gruppe aus dem rituellen Kult des historischen Ursprungs oder aus einem als entscheidende Wende begriffenen Ereignis zu beschwören und zu bekräftigen, spielt auch bei den gegenwärtigen Jubiläumsausstellungen eine Rolle.[155]

Mit Ausstellungen werden solche »Identitätsangebote« zwar gemacht. Dies sagt allerdings nur etwas über die Wunschvorstellungen der Auftraggeber und Produzenten dieser Geschichtsschauen aus. Ob »Identitäten« über Ausstellungen wirklich auch vermittelt werden können, ist jedoch äußerst fraglich, da in ihnen meist Objekte präsentiert werden, die aus ihren ursprünglichen Gebrauchs- und Sinnzusammenhängen herausgelöst und dadurch vor allem ästhetisch erfahrbar sind.[156] »Identitätsstiftungskonzepte« stehen somit eher in der Tradition einer bürgerlichen Museumsidee des 19. Jahrhunderts, die sich von der Geschichts- und Kunsterfahrung, die Ausstellungen und Museen ermöglichte, die Herausbildung kollektiver (z. B. nationaler und gesamtstaatlicher) Identität erhoffte.[157] Dennoch bleibt dabei die Frage offen, warum gegenwärtig »Identität« zu einem Lieblingsbegriff postmodernistischen Zeitgeistes avanciert und ihrer Vermittlung, Definierung und Sicherung eine solche Aufmerksamkeit zukommt.

SÄKULARE SINNSTIFTUNG

Wenn festgestellt wird, daß Kulturereignissen verstärkt eine »integrierende Funktion« zukommt, meint dies nicht, daß Menschen einfach »integriert«, »bearbeitet« oder »manipuliert« werden können oder daß es eine einseitige Abhängigkeit der vielen »Integrierten« von den wenigen gibt, die »integrieren«. Ein solcher Blickwinkel würde an dem vorbeischauen, was wir in dieser inszenierten Kultur suchen, weswegen wir Gefallen an ihr finden und ihre unterschiedlichen

Orte – Vergnügungsparks, Einkaufszentren und Ausstellungen – immer wieder aufsuchen. Denn die Frage, warum gerade Kulturereignissen im allgemeinen, und in diesem Rahmen auch historischen Ausstellungen, eine solche Integrationsfunktion zukommt, ist mit der Feststellung ihrer politischen und wirtschaftlichen Instrumentalisierbarkeit nicht hinreichend erklärt.

Dies hängt mit einem Wandel der Glaubensüberzeugungen und der Lebenspraxis zusammen: Eine säkulare, auf das Diesseits verwiesene Weltsicht prägt zunehmend die Anschauungen der Menschen in der westlichen Welt. Diese Weltsicht impliziert die Auffassung, daß eigenes Erleben und Erfahren die Grenze des Glaubbaren bildet und daß es jenseits davon keine Bedeutung gibt.[158] Religiöse, auf ein Jenseits verweisende Anschauungen werden damit mehr und mehr in Frage gestellt. Gegenwärtig werden aber nicht nur religiöse, sondern auch politische Anschauungen zunehmend hinterfragt. Kultur tritt – folgt man Gorsen – als integrierendes Moment an die Stelle politischer und religiöser »universalistischer« Weltbilder.[159]

Im Zuge des Industrialisierungsprozesses wurden und werden neben politischen und religiösen Weltbildern auch tradierte Lebens- und Verhaltensweisen, Tabus und Beschränkungen in Frage gestellt. Dies schafft individuelle Freiräume, schürt aber auch Verunsicherungen, die Identitätssehnsüchte aufleben lassen. Suchbewegungen in dieser Hinsicht verlegen sich nun immer häufiger auf den erweiterten Bereich der Kultur, der zu deren »Befriedigung« verschiedenste Angebote bereitstellt: Zen-Kurse, Luxusartikel, die Corporate-Identity-Pflege einzelner Firmen, Ausstellungsereignisse und vieles mehr.[160]

Kulturereignisse können somit säkularisierte »Sinnstiftungsfunktionen« übernehmen. Das Anwachsen der individuellen Freizeit und ein durchschnittlich gestiegener Bildungs- und Lebensstandard sind somit nicht, wie Wätzoldt schreibt, die einzigen Gründe für eine verstärkte Hinwendung der Individuen zu Kulturereignissen.[161] Eine bestimmte, als dominant anzusehende Kultur forciert eine solche »Sinnstifterfunktion«. Sie überantwortet Kulturereignissen kompensatorisch all jene Probleme zu lösen, die unsere Industriegesellschaft angehäuft hat.[162]

So möchte beispielsweise Peter Koslowsky in seinem Entwurf für eine Weltausstellung in Hannover im Jahr 2000 dieser einen »Festcharakter« verleihen: Denn »(...) *das Fest schafft eine Erhöhung und Steigerung des Lebens auf kurze Zeit. Es ist Übersteigerung und Transzendenz des Alltags. Es gliedert den Strom der Zeit. Es stellt eine Möglichkeit der Vergewisserung des Lebenszusammenhangs und der Selbstvergewisserung einer Gesellschaft dar.*«[163] Daß dieser »Festcharakter« jedoch primär der Sicherung der Zustimmung der Bevölkerung Hannovers zum Projekt Weltausstellung und den in ihr dargebotenen Inhalten dienen soll, geht ebenso aus dem Konzept hervor: »*Diese Eigenschaften des*

Festes sind bei der Weltausstellung zu erinnern, weil sonst die Weltausstellung keine Zustimmung in der Bevölkerung finden wird. Die Bevölkerung muß die Weltausstellung als ihr ›Fest‹ ansehen können. Sie darf sie nicht als funktionale Veranstaltung zur Förderung der Wirtschaft oder des Image von irgend jemandem erfahren.«[164]

Um die individuelle »Bewegung« auf dem Feld der Kultur jedoch genauer fassen zu können, müssen wir uns anschauen, wie wir uns als Publikum in der Öffentlichkeit verhalten.

Kulturelles Windowshopping

Im Theater formieren all jene ein Publikum, die einer Aufführung beiwohnen. Im öffentlichen Raum – auf der Straße, auf Plätzen, Fußgängerzonen und Kulturveranstaltungen – bilden diejenigen ebenfalls ein Publikum, die den dort gebotenen Vorführungen Aufmerksamkeit schenken. An all diesen Orten mischen sich jedoch Menschen unterschiedlicher Herkunft und sozialer Schicht, Männer, Frauen und Kinder, mit verschiedener Ausbildung, ganz unterschiedlichen Erfahrungen und Anschauungen. Hat es angesichts dessen überhaupt Sinn, von »dem« Publikum zu sprechen?

Schaut man sich an den öffentlichen Begegnungsorten der Städte um, so fällt ein Verhaltensmuster ins Auge, das allgemein verbreitet zu sein scheint. Dieses Verhalten kann als passives Flanieren, das sich mit Beobachtung und Konzentration auf das Gebotene verbindet, beschrieben werden.[165] Dies bezeichnet Heiner Treinen als stark situationsbezogene Haltung. Sie ist von der grundsätzlichen Bereitschaft geprägt, Erlebnisreize, die geboten werden, wahrzunehmen.[166] Seine psychische Entsprechung findet dieses Verhalten in einer »*entspannten Aufmerksamkeit*«. Bei diesem Flanieren in öffentlichen Räumen finden Dinge, Situationen und andere Menschen, die »aus dem Rahmen fallen«, besondere Aufmerksamkeit.[167]

Dieses Verhaltensmusters bedienen wir uns an den meisten öffentlichen Begegnungsorten der Städte – vor den Inszenierungen der Einkaufsstraßen ebenso wie vor denen der Ausstellungen und anderen Kulturereignissen. Aber auch angesichts der Massenmedien reagieren wir in ähnlicher Art und Weise. Es weist ein, wie Sennett es nennt, »*Paradox von Sichtbarkeit und Isolation*« auf. An den öffentlichen Begegnungsorten der Städte, wo man für andere, Unbekannte sichtbar ist, schützt man sich vor der Beobachtung durch eben diese, indem man sich hinter eine unsichtbare Mauer aus Schweigen und Zurückhaltung zurückzieht.[168] In der Rolle des Flaneurs fühlt man sich jedoch keineswegs behaglich. Das Schweigen und die Zurückhaltung an öffentlichen Orten ist auch Ausdruck der Angst, sich falsch zu verhalten und dadurch in Verlegenheit zu geraten oder beschämt zu werden. Wir bedienen uns daher eines Modus der Abschirmung, einer Rolle, die wir in ähnlichen Situationen schon erprobt haben, ohne unangenehme Erfahrungen damit gemacht zu haben.[169]

Dieses Verhaltensmuster prägt weitgehend unser Auftreten in öffentlichen Räumen. Dennoch scheint es nicht für alle zu gelten. Kinder halten sich – manchmal sehr zum Ärger ihrer Eltern – nicht an diese Rolle, sprechen oder greifen Unbekannte an oder äußern lautstark ihren Unmut über etwas, das ihnen nicht paßt. Diese Verhaltensweise legen sie aber mit dem Eintritt in die Welt der Erwachsenen nur allzu häufig ab. Das gestattet den Schluß, daß es sich bei der Rolle des Flaneurs um ein erlerntes Verhaltensmuster handelt, das eine Norm für die Haltung von Erwachsenen darstellt. Aber auch Erwachsenengruppen, z. B. Punks, halten sich nicht an dieses Verhaltensmuster. Für viele geben aber gerade sie ein konkretes Bild davon, wie man sich nicht verhalten oder kleiden soll, will man nicht ebenfalls auf- oder aus der Rolle fallen.[170]

Auch beim Besuch einer Ausstellung wird ein Großteil des Gebotenen auf der Suche nach besonderen Erlebnisreizen gleichförmig und flüchtig besichtigt. Objekte und Inszenierungsabschnitte, die »aus dem Rahmen fallen«, finden jedoch besondere Aufmerksamkeit. Das Zusammenwirken der Gesamtheit einer Inszenierung, also die situationsbezogenen Komponenten, strukturieren somit – wie das Ergebnis der von Treinen und Graf durchgeführten Besucherbeobachtung zeigt – erste und unmittelbare Zuwendungen zu Exponaten oder Inszenierungseinheiten in größerem Ausmaß, als personengebundene Faktoren, wie soziale Herkunft und persönliche Interessen.[171] Dies bedeutet, daß beispielsweise eine geräuscherzeugende Maschine in einem sonst ruhigen Raum oder ein grünes Bild in einem rot gehaltenen Umfeld erheblich häufiger die Aufmerksamkeit herausfordern als die anderen Objekte.[172] Beim Nachlassen von Wahrnehmungsreizen oder bei »langweiligen« Darstellungseinheiten, die nicht expressiv genutzt werden können, wechselt der Blick dagegen sofort zu anderen Objektarrangements über. Betätigungs- und Manipulationsmöglichkeiten werden häufig benutzt, auch wenn der kognitive Gehalt des Vorgeführten in den meisten Fällen vernachlässigt wird.[173]

Für diese Verhaltensweisen prägt Treinen den speziell auf Kulturveranstaltungen bezogenen Begriff des »*kulturellen window-shoppings*«[174]. Die ständige Suche nach Abwechslung, das Betätigen von Apparaturen, ohne die Resultate abzuwarten, und das ansonsten flüchtige Absolvieren möglichst aller Inszenierungseinheiten und aller Abteilungen einer Ausstellung, ohne nach eigenen Interessen zu selektieren, vergleicht er mit dem Flanieren vor Schaufenstern in Einkaufsstraßen, aber auch mit Verhaltensweisen, die gegenüber den Massenmedien praktiziert werden.[175] Neben den Ähnlichkeiten ist es jedoch auch wichtig, die Unterschiede zu bestimmen, die zwischen dem gängigen Verhaltensmuster in

Ausstellungen und dem auf Einkaufsstraßen und gegenüber den Massenmedien bestehen. Denn der Rahmen einer Ausstellung, eines Warenhauses oder eines Sportplatzes präformiert die »*Aufmerksamkeitsfilter*«, trotz grundsätzlicher Ähnlichkeit, immer auch in unterschiedlicher Art und Weise.[176]

Ausstellungen fordern und stabilisieren durch ihre Ausstattung, durch ihre oft monumentale Architektur, in der feierliche Stille herrscht, durch ihre Ordnung und Inszenierung, die verbietet, die Exponate zu berühren, eine bestimmte »*Gebärde der Besichtigung*«:[177] Dies zeigt sich beispielsweise daran, daß ihre Besucher und Besucherinnen meist langsam durch die Ausstellung gehen und dabei vor einem Großteil der Objekte kurz verweilen, daß sie sich nicht laut, sondern gedämpft oder flüsternd unterhalten. Die Geste des Beschauens, die in Ausstellungen nahegelegt wird, ist die des Einordnens in vorgegebene Wissenzusammenhänge. Zum Ritual der Besichtigung gehört aber, daß man nicht durch eine allzu auffällige Suche nach Information oder durch Fragen auffallen will, durch die man in den Augen der anderen als »unkultiviert« gelten könnte.[178]

Diese relativ stabilen Verhaltensmuster geben allerdings noch keine Informationen darüber, in welcher Art und Weise das Wahrgenommene von den einzelnen dann schlußendlich auch verarbeitet und interpretiert wird. Und sie geben auch keine Antwort auf die Frage, wer an welchen Orten bevorzugt Gefallen findet – d. h. wer Fernsehen, Einkaufszentren oder Sportveranstaltungen gegenüber Ausstellungen, Museen und Konzerten vorzieht und umgekehrt. Das, was sich hinter der unsichtbaren Mauer des Flaneurs abspielt, beeinflussen personenbedingte Faktoren wie Geschlecht, soziale Herkunft, Ausbildungsweg, verschiedengeartete Erfahrungen und Anschauungen.[179] Aber auch die prinzipielle Entscheidung, ob jemand lieber einen Einkaufsbummel macht, Warenhäuser oder Ausstellungen und Museen besucht, ist abhängig von solchen personenspezifischen Faktoren. »Das« Publikum gibt es somit nur insofern, als daß eine große Anzahl von Menschen sich an öffentlichen Orten ähnlicher, durch unterschiedliche »Rahmen« jedoch differenzierter Verhaltensmuster bedient und dort eine bestimmte »Rolle« spielt – die der »entspannt aufmerksam« Flanierenden. Unterschiede bestehen jedoch in der Art der Verarbeitung des Wahrgenommenen und in der Entscheidung, welche öffentlichen Orte und Medien »konsumiert« werden.

Ob ein alternativer Vorführungsmodus – beispielsweise eine neue Inszenierungsform – allein die festgefahrene Verhaltensweise des passiven Flanierens in öffentlichen Räumen – zum Beispiel in einer Ausstellung – verändern kann, ist damit fraglich. Sennett weist darauf hin, daß mit den Gegenkulturen Ende des 19. Jahrhunderts und in den sechziger Jahren des 20. Jahrhunderts der Vorführungsmodus im Theater, aber auch ganz generell in der Kunst ein anderer geworden ist, ein expressiver, lebendiger und für die Künstler und Künstlerinnen viel-

Abb. 9   Installation »Ernährung« von Enno Neumann in der Ausstellung »Vom Trümmerfeld ins Wirtschaftswunderland. Ein Stück Nachkriegsgeschichte. Bochum 1945–1955« (Bochum 1986/87).

Abb. 9a Detail der Installation »Ernährung« von Enno Neumann in der Ausstellung »Vom Trümmerfeld ins Wirtschaftswunderland. Ein Stück Nachkriegsgeschichte. Bochum 1945–1955« (Bochum 1986/87).

Abb. 10   Außeninszenierung der Wiener Ausstellung
»Traum und Wirklichkeit«(1985) von Hans Hollein.

Abb. 11   Schauraum »Kunsthandwerk« der Wiener Ausstellung
»Traum und Wirklichkeit« (1985) von Hans Hollein.

leicht ein befreiender; daß sich deshalb aber nicht auch das Verhalten des Publikums diesen Vorführungen gegenüber verändert hat. Die Zuschauer bewegten sich weiterhin zurückhaltend, konzentriert-beobachtend, aber selbst passiv. Die Ausdrucksfreiheit der Kunstschaffenden kompensierte die Selbstkontrolle des Publikums.[180]

Symptome von Bildung

An verschiedenen öffentlichen Orten und gegenüber unterschiedlichen Medien herrschen ähnliche Verhaltensmuster vor. Dennoch suchen nicht alle in ihrer Freizeit dieselben Orte auf und konsumieren nicht in gleichem Ausmaß diese unterschiedlichen Medien. Die prinzipielle Entscheidung, ob jemand lieber einen Einkaufsbummel macht, Warenhäuser, Vergnügungsparks oder Ausstellungen und Museen besucht, ist abhängig von den personenspezifischen Faktoren wie Bildung, Geschlecht, Schicht, persönlichen Interessen und Alter.[181]

Der Soziologe Heiner Treinen stellt in diesem Zusammenhang fest, daß seinen Untersuchungen zufolge weniger die sozioökonomische Schichtenzugehörigkeit der Besuchenden für die Entscheidung, ob überhaupt Museen oder Ausstellungen besucht werden, ausschlaggebend ist, sondern vorwiegend die absolvierte Ausbildung. Dazu tritt noch die Stellung im Lebenszyklus und damit zusammenhängend das Lebensalter.[182]

Gerhard Majce kommt mit seinen Untersuchungen zu dem sehr ähnlichen Ergebnis, daß Ausstellungsbesuche »Symptome von Bildung« sind: Die »Bildungselite«, Maturanten und Akademiker/innen, sind in historischen Ausstellungen mehr denn je die Bildungsgrundschichten, Männer und Frauen mit Pflichtschulabschluß sind dagegen weniger denn je vertreten. Zu den Großereignissen, wie beispielsweise der Ausstellung »Traum und Wirklichkeit« (Wien, 1985), kommen Besucher und Besucherinnen mit Pflichtschulabschluß sogar in noch geringerem Ausmaß (3%), als sie durchschnittlich Museen besuchen (13%). Diejenigen mit Matura oder Hochschulabschluß waren dagegen mit 70% deutlich überrepräsentiert. Der oft von Kulturpolitikern oder -politikerinnen festgestellte Besucherzuwachs bei historischen Großausstellungen ändert somit nichts am sozio-kulturellen Zugang zu diesen Institutionen.[183]

»Bildung« ist jedoch nicht völlig abgekoppelt von dem sozio-ökonomischen Milieu, in dem sich die Individuen bewegen, zu sehen. Pierre Bourdieu spricht in diesem Zusammenhang von einer Verknüpfung der kulturellen Praktiken eines Individuums, seiner sozio-ökonomischen Stellung in der Gesellschaft und dem ihm verfügbaren »Bildungskapital«.[184] Unter »Bildung« versteht er, ein »(...) historisch konstituierte(s) und sozial bedingte(s) System von Wahrnehmungs-, Ausdrucks- und Denkschemata.«[185] Sie wird durch die Familie, das soziale Milieu und über die Bildungsinstitutionen, wie Schule oder Universität, vermittelt. Der Familie und dem sozialen Milieu kommt deshalb eine sehr wichtige Funktion in punkto Bildungsvermittlung zu, da sie nicht nur »Wissen« in verschiedenen kulturellen Bereichen, sondern auch unterschiedliche Erfahrungen mit Kulturgütern und -orten vermitteln – mit Museen, Ausstellungen, Bildern, Theater- und Konzertbesuchen und Lektüre. In der Familie oder dem unmittelbaren sozialen Umfeld kann, indem deren Mitglieder sich gegenseitig kontinuierlich zu wiederholter Beschäftigung mit Kultur anregen, Vertrautheit im Umgang mit Kulturgütern gelernt werden. Diese Vertrautheit besteht darin, daß unbewußt die Mittel zur Aneignung dieser Kulturgüter erworben und schließlich beherrscht werden.[186] Aber nicht nur Vertrautheit mit Kulturgütern, sondern ebenso die Bereitschaft, sich diese anzueignen, ist sozial vermittelt. Indem über »Bildung« die Mittel und Möglichkeiten der Aneignung von Kulturprodukten erworben werden, erzeugt diese zugleich auch Bedürfnisse nach jenen. Das Bedürfnis, sich »Kultur« anzueignen, entwickelt sich somit nur bei denjenigen, die auch in der Lage sind, es zu befriedigen.[187] Ob der Umgang mit Kulturorten zum »Lebensstil« eines Individuums gehört oder nicht, hängt aber auch davon ab, ob man sich eine *»Distanz gegenüber materiellen und zeitlichen Zwängen«* leisten kann oder nicht. Denn diese ist ein Faktor, der – so Bourdieu – zu den bedeutendsten Unterschieden in den *»Lebensstilen«* der verschiedenen Gruppen führt.[188]

Bildung, in jenem umfassenden Sinn wie Bourdieu den Begriff gebraucht, vermittelt aber auch Respekt vor Kulturgütern und ein Gefühl der Pflicht, bestimmte kulturelle Produktionen zu schätzen. Dieses Schätzen einer bestimmten Kultur wird, wie der »Geschmack«, zum »Attribut« eines bestimmten Sozialstatus und auch als solches präsentiert.[189] »Geschmack« und ein kultivierter Umgang mit Kunst und Kultur sind damit auch wichtige Mittel der »Distinktion«, der Unterscheidung gegenüber anderen sozialen Gruppen. Bourdieu bezeichnet die Eigenart dieses Gebrauchs symbolischer Güter als eines der *»privilegiertesten Markenzeichen von ›Klasse‹«*.[190] Eine solche *»soziale Gebrauchsweise«* der Kulturgüter manifestiert sich beispielsweise im Besuch bestimmter Häuser, dem Präsentieren eines bestimmten Kultur- und Bildungswissens sowie in einer bestimmten Art und Weise der Kleidung, des Auftretens und der Sprache gegenüber Kultur. Das »Bestimmte« daran ist jedoch nur »Eingeweihten« bekannt.[191] Eine Funktion von Kulturorten wie Museen, Ausstellungen und Theater besteht somit auch darin, bei den einen ein Gefühl der Zugehörigkeit und bei anderen eines der Ausgeschlossenheit zu verstärken.[192]

Kulturpolitiker und -politikerinnen, die mit hohen Besucherzahlen hantieren und allein von diesen eine *»(...) Demokratisierung der Kulturpolitik und der öffentlichen Aneignung des Erbes (...)«* ableiten, negieren die sozial unterschiedlichen Möglichkeiten und Bedingungen für die Aneignung von Bildung und deren distinktive Kraft. Eine solche Ideologie einer »Kultur für alle« verweigert den meisten faktisch den Zugang zu den Kulturgütern, propagiert aber dennoch deren alle umfassende Verbindlichkeit als kulturellen Wert. Der Kulturpolitik scheint es dabei zu genügen, ein möglichst großes Publikum in eine rein *symbolische Nähe* zu Kulturgütern und ihren ereignishaften Inszenierungen zu bringen.[193]

Menschen mit höherer formaler Bildung – d. h. Matura oder einem universitären Abschluß – zählen zu dem Personenkreis, der sich bevorzugt in historische Ausstellungen begibt und sich dadurch von anderen »unterscheidet«. Um darüber hinaus genauere Aussagen machen zu können, müßten detailliertere Besucheruntersuchungen forciert werden. So zeigt beispielsweise eigene Beobachtung, daß Frauen in der Gruppe der Ausstellungsbesuchenden sehr stark repräsentiert sind. Da die meisten Besucheruntersuchungen die Kategorie Geschlecht jedoch nicht ausweisen, ist es nicht möglich, darüber genaue Aussagen zu machen.

Burghart Schmidt stellt in diesem Zusammenhang die These auf, daß mit »(...) *den postmodernen Inszenierungen der (Stadt-)Architektur, der neuen Medien und des Kulturbetriebes überhaupt ein politischer Kampf um die Loyalität der neuen Mittelschichten geführt wird*«,[194] Zu dieser »neuen Mittelschicht« zählt er Angestellte und Beamte des tertiären Sektors, freiberuflich Tätige, die steigende Zahl jener, die im Sozial-, Rechts- und Erziehungswesen entweder angestellt oder freiberuflich arbeiten, sowie jene Gruppen, die sich dem Fabriks- und Büroalltag entziehen wollen. Die postmodernistischen ideologischen Angebote finden – so Schmidt – vor allem in dieser Schicht Resonanz.[195] Ob auch historische Ausstellungen verstärkt von diesen Gruppen besucht werden, müßte allerdings durch genauere Besucheranalysen überprüft werden. Da diejenigen, die er zu den »neuen Mittelschichten« zählt, jedoch meist mit einer höheren formalen Bildung »ausgestattet« sind und wir Ausstellungsbesuche als ein Symptom von Bildung festgestellt haben, ist zu vermuten, daß diese These zutreffend ist.

Kollektive Ereignisse

Wenden wir uns jedoch dem Moment des Ausstellungsbesuchs selbst zu, und zwar der Frage, was hinter der gläsernen Wand, die wir als entspannt-aufmerksame Flaneure um uns schaffen, passiert: Man konzentriert sich auf die Situation, den unmittelbaren Augenblick, und ist grundsätzlich bereit, Erlebnisreize, die geboten werden, wahrzunehmen.[196] Das Verhalten ist von einer »entspannten Aufmerksamkeit« geprägt.[197] Die Gegenwart allein zählt, sie überwältigt mit einer Fülle von Wahrnehmungsangeboten. Indem man sich auf diese konzentriert und das Gebotene mit eigenen Bildern, Motiven und Bedeutungen besetzt, ist man vollauf damit beschäftigt, die Situation »auszukosten«. In dieser »*öffentlichen Privatheit*« kann man Zuflucht suchen vor den Anforderungen des Alltags.[198]

Im Akt der Wahrnehmung überlagert sich dabei die eigene mit der öffentlichen Vorstellungswelt. Der Unterschied zwischen Wahrnehmenden und Wahrgenommenem verschwimmt. Dadurch »verstrickt« man sich in den Augenblick. Dieser wird dadurch mystifiziert und erscheint von jeder Wirklichkeit außerhalb dieser Situation – vom eigenen sozialen Alltag – völlig abgekoppelt. Man erlebt die Situation als Ereignis, als etwas, was den Alltag unterbricht.[199] Alltägliche Erfahrungen und eigene Interessen geraten gegenüber dem faszinierenden Ereignis aus dem Blick. Die Situation wird abgetrennt von allen »Erinnerungsspuren« der eigenen Vergangenheit erlebt. Diese Form des Umgangs mit Kultur wird auch als »*Erlebnis- oder Ereigniskultur*« bezeichnet.[200]

Das Erlebnis löst seit der Mitte des 19. Jahrhunderts als dominante Umgangsweise mit Kulturgütern eine Kultur der Erfahrung ab. Denn auch die menschlichen Wahrnehmungs- und Reaktionsweisen unterliegen – wie Walter Benjamin beschreibt – gesellschaftlichen Bedingungen und Veränderungen.[201] »Erfahrung« wird gegenüber dem auf das »Hier und Jetzt« bezogene Erlebnis und Ereignis als Prozeß verstanden, der Wahrgenommenes in bezug auf die eigene Lebensgeschichte deutend verarbeitet. »Erfahrung« ist somit prozeßhaft, kontinuierlich und mit Reflexion verbunden. Demgegenüber bezeichnet »Erlebnis-« oder »Ereigniskultur« Formen der Gestaltung und der Wahrnehmung, die auf die unmittelbare Gegenwart konzentriert sind, plötzlich den Alltag unterbrechen und sich nicht in eine kontinuierliche Reflexion einbinden.[202]

»*Erlebnis*« und »*Ereignis*« werden von Eberhard Knödler-Bunte als »*Schlüsselbegriffe einer inszenierten Kultur*« bezeichnet.[203] »Ereigniskultur« betrifft sowohl die Angebotsseite als auch die Betrachterseite: Die gegenwärtigen Inszenierungen von Geschichte kommen – in ihrer ästhetisch dominanten Form – dieser Ereignishaftigkeit unserer Kultur entgegen. So zielen beispielsweise die stetig wechselnden Ausstellungen auf schnell erledigbare Reize und immer neue und abwechslungsreiche Inszenierungsformen.[204] Die Inszenierungen täuschen über fremde Inhalte hinweg, indem sie sich zum Erlebnis »aufschaukeln«. Dabei werden die Gehalte gegenüber den Inszenierungen immer unwichtiger. Denn heute kann »*(...) prinzipiell alles zum Ereignis und zum Erlebnis werden, vorausgesetzt, es wird inszeniert, von der Werbung, den Medien, von den Subjekten selbst.*«[205]

Inszenierte Kulturereignisse werden aber auch für die Wahrnehmenden zu »Erlebnissen«, die eigene Interessen und Erinnerungen vergessen lassen und keinen Raum für eigenes Handeln eröffnen. Sie werden zu »Ereignissen«, die aus dem Alltag herausragen und mit diesem nicht mehr verbunden erscheinen.[206] »Erinnerungsverlust« hat somit nicht nur mit der Angebotsseite zu tun

– damit, daß den inszenierten Gestaltungen zunehmend der historische und gesellschaftliche Referent abhanden kommt –, sondern auch mit der Art und Weise wie wir diese Gestaltungen wahrnehmen, d. h. »erleben«. »Ereigniskultur« meint aber auch, daß wir ständig auf der Suche nach Ereignissen sind, die den Alltag unterbrechen. Die Massenmedien und inszenierten Kulturereignisse reizen Bedürfnisse nach Fremdheit, die in ihnen – schnell konsumierbar aufbereitet – zur Exotik und Exklusivität wird. Sie erfüllen die von ihnen geweckten Bedürfnisse und Erwartungen jedoch nicht. Dies führt zu einem ständigen Suchen von Reizen und Abwechslung. Die Medien suggerieren, daß »alles« historisch und räumlich Entfernte, sich kulturell aneignen lasse. Dies und die von ihnen geweckten Ängste, permanent »etwas zu versäumen«, sind weitere Merkmale von »Ereigniskultur«.[207]

Beim Besuch von Kulturveranstaltungen ist auch die Gemeinsamkeit des Erlebens mit anderen wichtig. Umberto Eco stellt fest, daß seit dem Beginn der siebziger Jahre immer mehr Menschen kulturelle Veranstaltungen besuchen und sich dabei verhalten, »(...) als wären sie auf einem kollektiven Fest.« Sie kommen »(...) ganz unverkennbar auch wegen der Kollektivität der Ereignisse (...)« oder, anders ausgedruckt, um »beisammen zu sein«.[208] Diese Form des Umgangs mit kulturellen Gütern und Orten beschreibt Habermas als »Fetisch der Gemeinschaftlichkeit an sich«[209]. Das »Dabei-Sein« bei einem kollektiven Ereignis und das »Sich-Beteiligen« an dem »Prozeß kollektiven ästhetischen Erlebens« ist wichtiger als die Inhalte des Vorgeführten und die Diskussion darüber.[210] »Gemeinschaft« beruht dabei, wie Sennett beschreibt, nicht auf kollektivem Handeln oder Sprechen, sondern auf gemeinsamen Projektionen und Phantasien.[211]

Auch inszenierte Ausstellungen ermöglichen solch faszinierende Kollektivität. Vor allem dann, wenn die Inhalte oder die Formensprache des Präsentierten auf Grund von fehlenden Bezugspunkten fremd bleiben, dominiert »der kollektive symbolische Genuß ›an sich‹« den Ausstellungsbesuch.[212] Der Besuch inszenierter Ausstellungen und anderer Kulturveranstaltungen bietet Gründe, den Alltag zu unterbrechen, zum Ausgehen, für Ausflüge und Reisen. Sie lösen in dieser Hinsicht die Wallfahrten ab. Kamper bezeichnet Bayreuth oder Salzburg als »moderne Wallfahrtsorte«, deren Aufsuchen noch immer Spuren eines religiösen Erlebnisses in sich trägt.[213] Ihr Besuch verbindet sich mit der Suche nach »Momenten gesteigerten Lebens«. Man ist dabei nicht mehr vorrangig um die Auseinandersetzung mit herausragenden Einzelobjekten bemüht, sondern sucht »(...) ein ästhetisches Gesamterlebnis mit anderen Menschen, in einer vom Alltag geschiedenen Welt.«[214] Auf dieser Suche überläßt man sich dem Erleben, immer um Abwechslung bemüht.

Re-Sakralisierung

Inszenierungen bieten sich an, in sie »einzutauchen« und damit Teil einer Gemeinschaft zu werden. Dabei berühren sich »*ästhetisches Erleben und sakrales Erfahren*«. Kollektiver Genuß und auratisches Erleben von »*Einmaligkeit*« schließen sich zusammen.[215] Was hat es aber mit dem »Auratischen« dieser Inszenierungen auf sich?

Obwohl sich die Wahrnehmungsweise von Kunst und Kultur und der Umgang mit ihr in der Moderne verändert haben, bedeutet dies nicht, daß damit auch eine Ideologie überwunden wäre, die ein »*distanzloses Feiern*« von Kunst und Kultur intendiert und diese »*resakralisiert*«. Immer wieder treffen wir, wie Schmidt beschreibt, auf »*(...) Züge der Kunstideologie, die mehr oder weniger stark den Schein einer bruchlosen, distanzlosen Identität der Kunst in Ritualen zurückgewinnen wollen.*«[216] Die Säkularisierung der Kultur in der Moderne und die Veränderung unserer Wahrnehmungs- und Reaktionsweisen können jedoch durch eine solche »resakralisierende Haltung« nicht rückgängig gemacht werden. Diese intendierte »*Ritualität*« findet – so Schmidt – nicht wirklich ins Ritual zurück und ist damit als eine des »*Als ob*« zu werten. Denn sie stellt eine Ausnahmesituation dar, die das Alltagsleben der Menschen nicht mehr speist, sondern in der man sich von den alltäglichen Interessen »reinigt«.[217]

Bestimmte Formen der Inszenierung fordern eine solche resakralisierende Haltung heraus: »*Der Gestus der Verehrung, der Huldigung*« scheint dann »*(...) diesem quasiheiligen Gegenstand der angemessene. Lautes Sprechen, neugieriges Nachfragen nach sehr profanen Zusammenhängen haben in diesem Rahmen kaum einen Platz. Ergriffenheit, Erschütterung sind die angemessenen Formen.*«[218]

Die Gründe für dieses »Resakralisieren« von Kulturorten und -gütern sind jedoch nicht nur in diesen, sondern auch in unserer Gegenwart zu suchen. Die Inszenierungen der renoviert-inszenierten Altstädte, der Fußgängerzonen und Geschichtsschauen, in denen sich modernste Technik, alte und neue Mythen sowie historisierende Formzitate mischen, haben die ideologische Funktion, uns aus einer scheinbar unbewältigbaren Gegenwart und von Angst besetzten Zukunft »hinauszuträumen«[219] und – wie Barthes am Beispiel historisierender Theaterinszenierungen aufzeigt – »*(...) die Subversion der gesellschaftlichen Verhältnisse (zu) entschärfen (...).*«[220]

IV. Oppositionen: Ironisch gebrochene Montage historischer Überreste

In den letzten zwei Jahrzehnten wurden auch Präsentationskonzepte entwickelt, die deren Verfasser und Verfasserinnen explizit in Opposition zu einer solchen »kulturellen Dominanz« stellen. In ihnen werden Ausstellungen als Mittel und Medien der »Dekomposition« oder Thematisierung gängiger Geschichtsbilder, der Popularisierung von Inhalten oder als alternative Kunstformen und umfassende ästhetische Erlebnisse propagiert. Die »ironisch gebrochene Montage authentischer Objekte« ist eines dieser Ausstellungskonzepte.

Diese Ausstellungstheorie stellt an sich den Anspruch, auf die »Bildsymbolhaftigkeit« unserer Zeit zu reagieren. Damit ist sowohl gemeint, daß in unserer Kulturlandschaft immer mehr Mitteilungen, die in Bild und Ton übersetzt werden, die schriftlichen Formen der Übermittlung ablösen, als auch, daß »bildhaft Arrangiertes« auf ein Publikum, das den Umgang mit Bildmedien gewöhnt ist, größere Anziehungskraft ausübt als Geschriebenes.[1] Die bildhafte Gestaltung ist zudem eine, so wird argumentiert, die dem Medium Ausstellung als »*Institution der sinnlich ästhetischen Wahrnehmung*« besonders adäquat ist und damit der »*immanenten Logik*« von Ausstellungen folgt.[2] Der »*Schaulust*« soll somit Priorität gegenüber der »*Leselast*« eingeräumt werden.[3] Diese Position teilt diese Ausstellungstheorie mit den anderen im vorherigen Teil als »kulturelle Dominante« bestimmten Inszenierungskonzepten.

Unterschiede bestehen jedoch sowohl in dem, was präsentiert werden soll, als auch in der Frage nach der Form der Inszenierung. Mit der »Montage authentischer Objekte«, die im Zentrum dieses Präsentationskonzeptes steht, soll Geschichte, vor allem in ihren sinnlichen Erscheinungsformen, bewußt gemacht werden. Den postmodernistischen Strategien des »*Vergessenmachens*«[4] versucht man mit »Bewußtmachung« von Geschichte – mit Erinnerung – entgegenzutreten. Die Vertreter und Vertreterinnen dieser Ausstellungstheorie argumentieren gegen textdominierte Ausstellungskonzepte, aber auch gegen solche, in denen sich die Präsentationsästhetik verselbständigt.[5] Historische Ausstellungen sollen, so wird gefordert, »(...) *nicht ein Geschichtsbild auf Hochglanz und im Fixativ anbieten, sondern sie sollen tatsächlich ein Forum sein, wo der Diskurs über die*

Vergangenheit sich am Gegenständlichen entwickelt – im Lichte des gegenwärtigen geschichtswissenschaftlichen Erkenntnisstandes und gegenwärtiger Fragestellungen.«[6]

Als weiteres Charakteristikum von historischen Museen und Ausstellungen wird daher die ihnen spezifische Möglichkeit, »authentische« historische Objekte zu verwenden, hervorgehoben. Diese Möglichkeit unterscheidet, so wird betont, die Präsentation von Historie in Ausstellungen und Museen von anderen Veranschaulichungsformen, wie beispielsweise Film, Video und Bildband.[7]

BEZUGSPUNKTE

Die Vertreter und Vertreterinnen dieser Ausstellungskonzeption wenden sich gegen spezifische Traditionen der Geschichtswissenschaft und Museologie, in denen – seit dem Ende des 18. Jahrhunderts – eine *»Entkunstung der Geschichte«* und eine *»Verkunstung des Museums«* praktiziert wurden.[8] Diese Traditionen äußern sich in einem *»asinnlichen«* Verhältnis zur Geschichte und der *»Leugnung des Kunstcharakters der Geschichtsschreibung«* sowie in einer *»energischen Kunst- und Ästhetikbezogenheit«* des Museumswesens.[9] Denn in letzterem wurde das Historische zugunsten der *»Institutionalisierung eines kunstwissenschaftlichen Prinzips«* verdrängt, indem dieses zur vorrangigen Leitidee musealer Sammlungs- und Präsentationsbemühungen gemacht wurde.[10] In einer solchen Tradition der Trennung einer ästhetischen von der historischen Welt steht – so Gottfried Korff und Martin Roth – auch die Hilflosigkeit von Historikern und Historikerinnen der Gegenwart gegenüber inszenierten Ausstellungen und ästhetischen Präsentationsformen, die häufig zu ihrer Pauschalverurteilung als »Effekthascherei«, »Firlefanz«, »Amüsierbetrieb«, »Panoptikum« oder »Disneyland« verleitet.[11]

Demgegenüber wird mit dieser Ausstellungskonzeption versucht, das ästhetische Prinzip für die Vermittlung von Historie produktiv einzusetzen. Dabei werden vor allem aus der französischen Tradition der Geschichtswissenschaft und Museologie Anleihen entnommen, da in dieser Ästhetisches und Historisches vereint sind.[12] Anregen lassen sich die Vertreter und Vertreterinnen dieser Ausstellungstheorie hauptsächlich von solchen Projekten, die das historische Objekt als *»Informations- und Bedeutungsträger«* ernst nehmen und zum *»primären Baustein der Präsentation«* machen: beispielsweise von den kultur- und zivilisationsgeschichtlichen Museen, wie dem »Musée des Arts et Métiers«, dem »Musée des Arts décoratifs« oder dem »Musée des Arts et Traditions populaires (ATP)« mit seinen bewußt inszenierten Ausstellungen, aber auch von den Ecomusées, die sich ausdrücklich auf die Schule der »Annales« beziehen.[13] In dieser

Argumentationsrichtung wird aber auch auf das Ausstellungskonzept der »*authentischen Dokumentation*« zurückgegriffen, das Otto Laufer Anfang des 20. Jahrhunderts entwickelt hat und mit dem er gegen den fortschreitenden Ästhetisierungstrend der kulturhistorischen Museen opponierte.[14]

Zentraler Bezugspunkt dieser Konzeption ist jedoch die Ausstellungs- und Wahrnehmungstheorie Walter Benjamins, aus der drei Stützpunkte entnommen werden: die Theorie des »dialektischen Bildes«, seine Untersuchungen des Wandels der Wahrnehmung von einer »auratischen« in eine »schockförmige« und das Prinzip der Popularisierung der Fachwissenschaften. Für ein besseres Verständnis sind einige grundsätzliche Überlegungen Benjamins vorzustellen. Vorausgeschickt sei, daß er keine Theorie als in sich geschlossenes Gedankengebäude hinterlassen hat, sondern Fragmente und Überlegungen.

Aura – »choque«

Benjamin hat die Auffassung vertreten, daß auch die menschlichen Wahrnehmungs- und Reaktionsweisen gesellschaftlichen Bedingungen und Veränderungen unterliegen. Er hat sich mit dem Prozeß beschäftigt, in dem sich die Wahrnehmung von einer »auratischen« in eine »schockförmige« gewandelt hat.[15]

Umfassende Veränderungen der Lebenswelt, die er vor allem in den Großstädten ab dem Ende des 19. Jahrhunderts beobachtete, unterwarfen »(...) das menschliche Sensorium einem Training komplexer Art«.[16] Ob am Fließband in der Fabrik oder im Großstadtverkehr, im Kino, am Jahrmarkt oder in der Massenpresse, in der zusammenhanglos kurze Nachrichten kombiniert werden – überall dominiert das Schock-Erlebnis.[17] Dadurch werden »*Selbstvergewisserung, Übung, Erfahrung*« verhindert und »*prompte Merk- und Reaktionsfähigkeit, Disziplin, Anpassung an apparative und funktionale Erfordernisse*«[18] gefordert. Eine Wahrnehmung in Form des Schocks, des Schnittes, ist an die Stelle der auratischen Erfahrung getreten.

Historisch beschreibt Benjamin den in der Moderne erfolgten Übergang einer Kultur der Erfahrung, der die Struktur des Gedächtnisses zuzuordnen ist, in eine des Ereignisses, die von schockförmigen Wahrnehmungs- und Reaktionsweisen gekennzeichnet ist. Dieser Übergang ist für ihn eine »*Begleiterscheinung säkularer geschichtlicher Produktivkräfte*«.[19]

Um aber klären zu können, was dieser »choque« denn eigentlich sei, muß auf Freud zurückgegriffen werden, auf den sich auch Benjamin bezog. Auch dieser hat sich mit dem Schock-Erlebnis beschäftigt. Für ihn sind Erinnerungsreste dann »*(...) am stärksten und haltbarsten, wenn der Vorgang, der sie zurückgelassen hat, niemals zu Bewußtsein gekommen ist.*«[20] Solche Erinnerungen, die nie bewußt erlebt wurden, lagern im unbewußten Gedächtnis. Sie werden dort konserviert. Das Bewußtsein nimmt dagegen überhaupt keine Erinnerungsspuren auf. Im Gegenteil: Kommen diese ins Bewußtsein, so werden sie zersetzt und sind für das unbewußte Gedächtnis verloren.[21] Das Bewußtsein hat jedoch eine andere Funktion: die des Reizschutzes. Das Individuum wird ständig, beispielsweise im Großstadtverkehr, an der Maschine oder bei der Filmrezeption, von außen – von Schocks – bedroht. Je geläufiger dem Bewußtsein diese Schockrezeption wird, desto weniger muß mit einer traumatischen Wirkung gerechnet werden, denn dieser liegt die Durchbrechung des Reizschutzes zugrunde. Die Schockrezeption wird durch ein Training in der Reizbewältigung erleichtert. In der Regel obliegt dieses Training dem Bewußtsein, es können allerdings auch Traum und Erinnerung dafür herangezogen werden.[22] Normalerweise wird der Schock jedoch vom Bewußtsein aufgefangen, »pariert«. Dadurch erhält der den Schock auslösende Vorgang den »*Charakter eines Erlebnisses im prägnanten Sinn*«.[23] Der Vorfall wird nun der »*Registratur der bewußten Erinnerung*«[24] einverleibt. Die gelungene Schockabwehr ist damit immer eine Leistung des Bewußtseins – der »memoire volontaire«. Reizwerte – Schocks – lösen ein »reflektorisches« Verhalten aus, da sie keine Zeit zur Reflexion gewähren. Die Folgen der Zunahme solcher Schocks und ihrer Abwehr seit der Mitte des 19. Jahrhunderts beschreibt Hillach folgendermaßen: »*Das überbesetzte Bewußtsein, überbesetzt, weil es traumatische Schocks ständig abwehren muß, wird so der Ort momentaner Reizbewältigung und sich abschottender Reaktivität. Gerade diese Struktur schafft aber auch die Unfähigkeit zur Reflexion, aus der heraus einmal ›Gehabtes‹, wenn auch einsam Gehabtes, durch praktisches Wiedererkennen und sprachlichen Austausch qualitativ bestimmt und dann auch zur Erfahrung werden könnte.*«[25]

Durch diese »Ereignishaftigkeit« unserer Alltagserfahrung kommt es immer mehr zu einer Verdrängung der dem Bewußtsein entgegengesetzten »*memoire involontaire*«, dem unbewußten Gedächtnis, und der Gehalte, die in diesem gespeichert sind.[26] – Das ist mit jenem »Gedächtnisverlust« gemeint, der unsere »Ereigniskultur« kennzeichnet. Die Erinnerung muß nun dem unbewußten Gedächtnis abgerungen werden. Dies analysiert Benjamin allerdings nicht nur für die individuellen menschlichen Erinnerungen, sondern auch für die gesellschaftlich-kollektive Ebene. Denn auch auf dieser wurde und wird vergessen und verdrängt. So liegen beispielsweise die Lebens- und Arbeitsverhältnisse von Handwerkern, Bauern oder Arbeitern, aber auch die von Frauen oder von Angehörigen fremder Kulturen in den »Trümmern« der Geschichte verschüttet. Diese »*von Jetztzeit geladene Vergangenheit*« ist aus dem »*Kontinuum der Geschichte*« herauszusprengen.[27]

Dialektische Bilder

Die schockförmige Wahrnehmung wird von der Benjamin-Rezeption, auf die sich diese Ausstellungstheorie stützt, aber nicht nur negativ – als Abdichtung gegen die Erinnerungsspuren des unbewußten Gedächtnisses – gewertet. Denn Benjamin selbst wendet sie auch in ein Verfahren, das verdrängte Erfahrungsgehalte wieder ins Bewußtsein bringen kann. Dort können sie mit dem gegenwärtigen Zeitpunkt zusammentreffen, kollidieren. Aus einer solchen Kollision lassen sich produktive Erkenntnisse für die Zukunft gewinnen.[28]

Dies bedarf jedoch bewußter Veranstaltungen, beispielsweise solcher, wie sie die Dadaisten praktizierten. Diese haben scheinbar Nicht-Zusammengehörendes kombiniert, z. B. ein Bild der Mona Lisa und einen Schnurrbart. Aus diesem ungewohnten Zusammentreffen entsteht ein Bruch, ein »choque«, der Inhalten des unbewußten Gedächtnisses ermöglicht, »blitzhaft« zu erscheinen. Die Dadaisten produzierten mit ihren Montagen »dialektische Bilder«, die stutzig machen, und damit zu Rückfragen auffordern und die Kommunikation anregen. Benjamin entnahm dieser Praxis der Dadaisten Anregungen für seine Ausstellungstheorie. Denn auch in diesen sollen »*kluge Fallen, die die Aufmerksamkeit locken und festhalten*«[29], installiert werden.

Die Erinnerungen, die mittels dieser Veranstaltungen dem Unbewußten abgerungen werden, haben ebenfalls eine Aura – eine »*Aura des Authentischen*«. Diese entspringt einer »*Dialektik von Spur und Aura*«: Mittels eines Gegenstandes, einer Spur, können über den »choque« vergessene, verdrängte Erinnerungen des unbewußten Gedächtnisses ins Bewußtsein geholt werden. Des Vergangenen, ins Vergessen Abgesunkenen, kann somit nur mehr das »*souvenir involontaire*« habhaft werden.[30] In der psychoanalytischen Praxis werden Gegenstände, die eine solche Funktion erfüllen, »Übergangsobjekte« genannt. Die Erinnerungsarbeit an historischen Überresten kann das Vergessene und Verdrängte wieder ins Bewußtsein bringen. Dieses psychoanalytische Verfahren wendet Benjamin auch für die kollektive, gesellschaftliche Ebene an. Denn die Erinnerung als Privileg der herrschenden Schicht abzuschaffen ist das, was er als revolutionäre Aufgabe beschreibt.[31]

Die »Aura des Authentischen« meint aber auch – nach einer Vermutung Adornos, die Marleen Stoessel weiterverfolgt – die »*Spur des vergessenen Menschlichen*«, d. h. die Spur der menschlichen Arbeit am Ding und das Gemachtsein der Geschichte vom Menschen, die hinter dem glänzenden Tauschwert der Dinge als Waren nur allzu häufig verschwinden. An dieses »vergessene Menschliche« kann mittels der Dinge zurückerinnert werden.[32]

Der Schock, der beispielsweise durch die Montage von Gegenständen oder durch den schnellen Wechsel von Bildern eines Films ausgelöst wird, produziert

»*dialektische Bilder*«, in denen »*(...) das Gewesene mit dem Jetzt blitzhaft zu einer Konstellation zusammentritt*«.[33] Sie machen damit der »Kontemplation« den Prozeß und stehen der Einfühlung – dem auratischen »Wie es einmal gewesen sei« – entgegen.[34] Dabei ist die Art und Weise der Konstellation, in welcher das Vergangene mit der Gegenwart steht, wichtig. Denn nach Benjamin ist »*die wahre Methode, die Dinge sich gegenwärtig zu machen, (...), sie in unserem Raum (nicht uns in ihrem) vorzustellen. (...) Nicht wir versetzen uns in sie, sie treten in unser Leben*«.[35]

Ansgar Hillach warnt jedoch davor, »*(...) Benjamins ‹Chock›-Begriff einfachhin dem Schrecken gleichzusetzen, ihn als solchen zum modernen Reflexionsmodus zu erheben und als Ausweis einer geschärften Wahrnehmungsfähigkeit oder gar als ›subversive Qualität‹ aufzufassen*«.[36] Denn für ihn muß sich mit dem »Schock« immer auch Reflexion oder kommunikativer Austausch verbinden, daß er für die Gegenwart produktiv gemacht werden kann.[37] Dieselbe Auffassung findet sich auch bei Heiner Treinen. Er stellt fest, daß die in Ausstellungen aufgenommenen Inhalte, wie andere massenmedial verbreitete Inhalte auch, nur dann einflußreich sind bzw. nur dann weiterwirken, wenn sie von den Besuchenden in ihre »sozialen Netzwerke« hineingetragen und dort diskutiert werden.[38]

Der Praxis der Dadaisten entnahm Benjamin eine weitere Anregung für seine Theorie – das Zusammenmontieren unterschiedlicher Objekte. Denn für diese Künstler und Künstlerinnen kann, nach den Erfahrungen des Ersten Weltkrieges, Wirklichkeit nicht mehr mittels Abbildungen bewältigt werden. Den Gestaltenden bleibt somit nichts anderes übrig, als die Wirklichkeit »*(...) vor allem einmal ungeordnet, selber, anarchisch, wenn es sein muß, zu Worte kommen zu lassen*«[39]. Dies kann auch in historischen Ausstellungen, durch die Montage von Gegenständen, geschehen.

Die »Authentizität« der zusammenmontierten Dinge ist dabei wichtig. Denn nur am »einmaligen Dasein« des historischen Objekts »*(...) und an nichts sonst vollzog sich die Geschichte, der es im Laufe seines Bestehens unterworfen gewesen ist.*«[40] Die »*Echtheit einer Sache*« ist damit »*(...) der Inbegriff alles vom Ursprung her an ihr Tradierbaren, von ihrer materiellen Dauer bis zu ihrer geschichtlichen Zeugenschaft. Da die letztere auf der ersteren fundiert ist, so gerät in der Reproduktion, wo die erstere sich dem Menschen entzogen hat, auch die letztere: die geschichtliche Zeugenschaft der Sache ins Wanken. Freilich nur diese; was aber dergestalt ins Wanken gerät, das ist die Autorität der Sache.*«[41] Diese »geschichtliche Zeugenschaft«, die bei der technischen Reproduktion ausfällt, bezeichnet Benjamin als »*Aura*«. Diese stellt sich aber nicht nur bei der Betrachtung von Kunstwerken ein, sondern ist auch der »*für geschichtliche Gegenstände vorgeschlagene Begriff*«[42].

Mit »Aura des Authentischen« ist somit eine Beziehung zwischen betrachtendem Individuum und betrachtetem historischen Überrest gemeint. Sie haftet nicht, wie es der verdinglichte Begriff »Aura« suggeriert, an den Gegenständen allein, sondern bezeichnet ein für die Gegenwart produktives Verhältnis zwischen Subjekt und Objekt, in dem Erinnerungen des kollektiven wie auch des individuellen »unbewußten« Gedächtnisses auftauchen.

Die zentrale Definition der »Aura«, die sich in Benjamins Schriften durchhält, besagt, Aura sei »(...) *die einmalige Erscheinung einer Ferne, so nah sie sein mag.*«[43] Was diese »Ferne« allerdings sei, ist nicht genau bestimmt. Jauß schlägt aufgrund dieser Unklarheit vor, für die Gegenwart zwischen zwei unterschiedlichen auratischen Wahrnehmungsformen zu unterscheiden, »Aura« jedoch immer als rezeptionsästhetische Bestimmung zu verstehen: Die eine besteht in einer selbstvergessen-kontemplativen und einfühlenden Haltung gegenüber historischen Objekten, Kunstwerken oder -orten, die sich mit einer Anschauung verbindet, die die »Echtheit«, »Authentizität« oder das Alter des Anschauungsgegenstandes »sakralisiert«. Diese *sekundäre Sakralisierung der Authentizität* kann – immer wieder – zu einer quasi-religiösen Haltung führen.[44] Mit den Veränderungen unserer Wahrnehmungs- und Reaktionsweisen in der Moderne ist somit nicht gleichzeitig auch eine Ideologie verschwunden, die ein distanzloses Feiern von Kunst- und Kulturobjekten oder Kulturorten intendiert. Ganz im Gegenteil scheint gegenwärtig eine solche »resakralisierende Haltung« wieder im Aufschwung begriffen zu sein.[45]

Die zweite auratische Wahrnehmungsform wird als »*Aura des Authentischen*« bezeichnet, in der unbewußte, verdrängte und vergessene Inhalte des kollektiven wie individuellen Gedächtnisses durch ein »Übergangsobjekt« wieder ins Bewußtsein geholt werden können. Sie entspringt einer »*Dialektik von Spur und Aura*«.[46] Festzuhalten ist damit, daß für die Gegenwart zwischen einer »Aura des Authentischen« und einer »sekundären Sakralisierung der Authentizität« zu unterscheiden ist und nicht mit einem verschwommenen »Aura-Begriff« operiert werden kann.

»Aura«, »Schock«, »Authentizität« und »dialektische Bilder« sind Begriffe, die auch in der hier untersuchten Ausstellungstheorie immer wieder auftauchen. Dabei wird jedoch die von Jauß vorgeschlagene Differenzierung zwischen »sekundärer Sakralisierung der Authentizität« und »Aura des Authentischen« nicht vollzogen. Dies führt dazu, daß diese Ausstellungstheorie selbst an manchen Stellen von einer »Desakralisierung«, die sie intendiert, in eine »Sakralisierung« der »Echtheit«, »Authentizität« oder »Originalität« der historischen Objekte, die sie gerade vermeiden möchte, umkippt.

INSZENIERUNG ALS MONTAGE

Der historische »Überrest«

Die »Metamorphose« vom Gebrauchsgegenstand zum Exponat
Das authentische Objekt, historische Relikt, der Überrest, das Original, oder wie auch immer seine Bezeichnung sein mag, steht im Zentrum dieser Ausstellungstheorie. So stellt es beispielsweise für Korff den »*eigentlichen Ansatzpunkt für jede Museumsarbeit*«[47], aber auch für historische Ausstellungen[48] dar. Was kennzeichnet nun aber, ganz generell, jene Gegenstände, die wir in historischen Ausstellungen treffen und von denen behauptet wird, daß sie »authentisch« seien?

Die »Metamorphose« eines Gegenstandes, der in einem bestimmten kulturellen Kontext verwendet wird oder festgelegte Funktionen übernimmt, in ein Exponat, das die Schausammlung in Museen bestückt, ausgestellt oder in Depots »endgelagert« wird, impliziert zwei Vorgänge: Der Gegenstand wird als »erhaltenswert« angesehen und aus seinen ursprünglichen Zusammenhängen herausgelöst – beispielsweise aus politisch-repräsentativen oder kultisch-religiösen Gebrauchs- und Vorstellungzusammenhängen.[49] Mit dieser Vereinzelung und Isolierung aus seinem Kontext treten die ursprünglichen Funktionen eines Objektes gegenüber seiner Form in den Hintergrund, was eine rein ästhetische Betrachtungsweise begünstigt.[50] Die Erhaltung eines Gegenstandes, seine Musealisierung, ist dabei mit seiner Neubewertung verbunden. Einer solchen Neu-Be-Deutung, die relativ unabhängig von der ursprünglichen erfolgen kann, werden Objekte, die wir in Ausstellungen treffen, meist dann unterzogen, wenn Wissenschaftler und Wissenschaftlerinnen sie zu Gegenständen oder methodischen Hilfsmitteln ihrer Forschungen machen. Ihnen wird damit eine neue Bedeutung »zudiktiert«.[51]

Authentizität
Wird ein Gegenstand aus seinem Funktions- und Gebrauchszusammenhang gelöst, so verliert er damit seinen »authentischen Charakter«. Sein autonomer, formaler und ästhetischer Charakter tritt in den Vordergrund. Nur mehr die Erinnerung an den Gebrauchswert, an die Funktion eines Gegenstandes, kann überliefert werden.[52] Diese Erinnerung können die Besucher und Besucherinnen einer Ausstellung dem Gegenstand allein meist genausowenig entnehmen wie jenes »Wissen«, das einzelne Wissenschaftsdisziplinen an ihn knüpften. Objekte »sprechen« somit nicht von allein. Und wenn sie »sprechen« gemacht werden, erscheint ihre Sprache recht rätselhaft, wie die polemische Installation »sprechende Steine« von Christian Terstegge deutlich macht (Abb. 4): Er stellte fünf Steine

aus, die er auf Drehgestelle aus Stahl montierte. Diese werden von einem geräuschlosen Getriebemotor bewegt. Einzelne fest montierte federnde Stahldrähte tasten die Oberflächen der Steine beim Drehen ab. Das ganze ist ähnlich dem System eines alten Grammophons zu denken. Die Unebenheiten der Oberflächen der Steine übertragen sich auf den Draht und lassen ihn vibrieren. Diese Schwingungen werden von Papierstücken, die auf den Draht gesteckt sind, in ein hörbares Knistern, Knacken, Rauschen und Rumpeln verwandelt. Die »Stimmen« der Steine sind damit »hörbar« gemacht worden, aber was sagt uns dieses Rumpeln, Knacken und Rauschen?[53]

Objekte haben meist zu dem Zeitpunkt, an dem sie als Exponate eine Ausstellung bestücken, schon eine ziemlich wechselvolle Geschichte hinter sich. In welcher der Stationen dieser Geschichte war das Exponat »echt«, von welcher gibt es Zeugnis? Von einem seiner ursprünglichen Gebrauchs- und Funktionszusammenhänge? Von der Tatsache, daß beschlossen wurde, es aufzubewahren und zum Gegenstand wissenschaftlicher Forschung zu machen, von seinem jahrelangen Vergessen in Museumsdepots oder schließlich von dem Entschluß, sich wieder – in einer Ausstellung – seiner Existenz zu erinnern? Wohl von jeder, und potentiell von noch viel mehr.

»Musealisierte« Objekte können somit nur »echt« sein, im Sinne von »verbürgt echt« – das aber meint *authentisch*.[54] Im Falle von historischen Ausstellungen bürgt für die »Echtheit« der Objekte die Wissenschaft. Den Nachweis dieser Echtheit, und damit die Möglichkeit zu ihrer Überprüfung, mitzuliefern wird jedoch in den meisten Fällen nicht als notwendig erachtet. Denn dies würde implizieren, daß die Überlieferungsgeschichte der Objekte – allerdings nicht nur die bis zum Zeitpunkt ihrer Musealisierung, sondern auch jene in den Depots, Archiven, Wunderkammern oder Schausammlungen – selbst zum Thema gemacht würde.[55] Dies passiert jedoch in den seltensten Fällen. Es wird vorausgesetzt, daß die Besuchenden das, was in einer historischen Ausstellung als »echt«, »authentisch« und »original« vorgeführt wird, auch uneingeschränkt glauben.

Die »Authentizität« eines historischen Überrestes kann somit in einer historischen Ausstellung nur eine »behauptete« sein. »*Echtheit*« ist jedoch ein noch ambivalenterer Begriff, der als »*feststellendes und unterscheidendes Adjektiv*« blitzschnell über die Zugehörigkeit oder Nichtzugehörigkeit zu einer Kategorie entscheidet.[56] Als *Schmuckwort*«, das überredet ohne zu argumentieren, indem es die Bedeutungen »(...) *nach innen, ins Vertrauliche, ›Menschliche‹, schnurstracks bis an die Herznaht*«[57] impliziert, ist es nur mit Vorsicht zu gebrauchen. Diese »Behauptetheit« von »Authentizität« und die damit verbundenen »Festschreibungen« der Wissenschaft werden in dieser Ausstellungskonzeption nicht in Rechnung gestellt.

Demgegenüber wird der »*Dokument-*« und »*Zeugnischarakter*« historischer Überreste hervorgestrichen.[58] Die Bedeutung der »*Authentizität*« eines Gegenstandes, die – so Korff – in deren »*Echtheit*« begründet ist[59], liegt darin, daß nur sie historische Objekte zu Zeugen und Dokumenten einer historischen Wirklichkeit machen. Sie verweisen durch ihren Zeugnischarakter auf »*(...) ein Gefüge zweckgerichteter Tätigkeiten, soziokultureller Funktionen, Wirkungen und Interpretationen.*«[60] Denn die »*Echtheit*« eines Gegenstandes und damit seine »*Authentizität*« ist – so Benjamin – der »*(...) Inbegriff alles vom Ursprung her an ihr Tradierbaren, von ihrer materiellen Dauer bis zu ihrer geschichtlichen Zeugenschaft.*«[61]

Es ist sicherlich wichtig, auf dem Dokument- und Zeugnischarakter historischer Überreste zu beharren. Diese können allerdings nur Anhaltspunkte und Anregungen für unsere Auseinandersetzung mit der Vergangenheit sein, sie jedoch – aufgrund ihrer Fragmentarik und Isolation – nicht in ihrer »*authentischen Stuktur*« heraufbeschwören.[62] Die »Maßstäbe« für unser Wissen über Vergangenes liegen somit nicht allein im überlieferten Material, sondern auch in der Gegenwart, von deren Fragestellungen ausgehend der Versuch unternommen wird, Vergangenes zu rekonstruieren – wobei Geschichte produziert wird. Bei den dabei entstehenden Geschichtsbildern ist es häufig schwierig zu unterscheiden, wie weit die Rekonstruktion reicht und wo die Konstruktion anfängt. Solche »Geschichtsproduktionen« passieren jedoch nicht nur in den Wissenschaften, sondern auch auf den »*narrativen und ästhetischen, mythischen und religiösen Ebenen im Alltag*« und in der Kunst. Die dabei entstehenden »Bilder« – in Büchern, Filmen, Ausstellungen und Museen, auf Plakaten, in der Warenwelt und in uns selbst – stellen selbst Dokumente und Zeugnisse – Quellen der Geschichte – dar.[63] Es ist somit nicht ganz einsichtig, warum all das, was davon Zeugnis gibt – ob Reproduktionen, Nachbauten, »Simulakren«, Dias oder Filme – nicht in Ausstellungen vorkommen soll?

Historische Überreste sind zudem, wie schon ihr Name besagt, bruchstückhaft bis in unsere Gegenwart überliefert worden. Ihre Auswahl selbst ist eine perspektivische, d. h. eine historische. Musealisierte Objekte sind damit auch Dokumente des Prozesses der Überlieferung selbst. Die Ungleichmäßigkeit der Überlieferung entsteht aber nicht nur aus Zufall und Willkür, sondern vor allem durch eine ungleiche Chance von Personen, Vorgängen und Quellengattungen, überliefert zu werden.[64] Historische Objekte sind damit sowohl Ergebnis »*(...) einer Tätigkeit, in der historisch wechselnde Auswahlkriterien, Bewertungskriterien, Neigungen und Interessen eine Rolle spielen (...)*«[65], als auch Ergebnis einer zufälligen Auslese.

Vergangenes wird von den musealisierten Objekten somit nicht nur bezeugt, sondern wird von diesen auch verzerrt repräsentiert.[66] Aber nicht nur die überlieferten Relikte zeugen vom Prozeß der Überlieferung, sondern auch das, was nicht mehr vorhanden ist, weil es zerstört oder vernichtet ist. Diese Nicht-mehr-Existenz könnte ebenfalls in Ausstellungen visuell präsent gemacht und nicht durch eine Fülle von Fakten zugedeckt werden.

Dialektik von Nähe und Ferne
Auf »authentischen Objekten« wird in dieser Ausstellungskonzeption aber noch aus anderen Gründen beharrt. Ihnen sind – so Korff – *»sinnliche Anmutungsqualitäten«* zu eigen, die Ausgangspunkte für die *»faszinierende Wirkung der Objektwelten«* auf die Besucher und Besucherinnen darstellen. Diese Qualitäten haben historische Objekte aufgrund der ihnen *»inkorporierten Lebensspuren«*.[67] Über solche Spuren, die wir an den Dingen wahrnehmen können, ist die Ästhetik eines Gegenstandes direkt mit Erinnerung verbunden – reaktiviert sie.[68] Dadurch ermöglichen historische Objekte eine besondere Art der Geschichtserfahrung. Eine, die nicht nur auf kognitivem, intellektuellem und diskursivem Weg gewonnen wird, sondern auf sinnlichen Reizen aufbaut.[69]

Zeitlich und räumlich kann uns ein historischer Gegenstand in einer Ausstellung nah, gegenwärtig sein, da wir ihn im »Hier und Jetzt« des Ausstellungsbesuches anschauen können. Als historischer ist er uns zugleich aber auch immer fremd und unverständlich, weil der Gegenstand einer ganz anderen historischen Wirklichkeit, Bewußtseins- und Stimmungslage, einer zeitlich entfernten Mentalität, entstammt.[70] Bei der Betrachtung eines historischen Gegenstandes stellt sich somit ein Spannungsverhältnis von sinnlicher Nähe und historischer Fremdheit ein. Gegenwärtigkeit und Fremdheit der Objekte greifen in der Wahrnehmung der Betrachtenden ineinander.[71] Dieses Spannungsverhältnis, auch als *»Dialektik von Nähe und Ferne«* bezeichnet, ermöglicht eine Zeiterfahrung, die – so Fliedl – konstitutiv ist für historisches Lernen. Reflexion und diskursive Aneignung kann durch dieses Spannungsverhältnis zwar nicht ersetzt, wohl aber angeregt werden. Modelle, Duplikate und Kopien ermöglichen diese spezifische Zeiterfahrung kaum und stellen somit eine solche Dialektik still.[72]

In dieser Argumentationsrichtung geht es somit um die *»Rückgewinnung historischer Erfahrung in den ästhetischen Medien«*.[73] Angelpunkt für diese historische Erfahrung ist der historische Überrest, das empirische, anschauliche Material. In dem Beharren auf einer von diesem ermöglichte »Zeiterfahrung« sehe ich das schlagkräftigste Argument dieser Ausstellungskonzeption für die Verwendung historischer Überreste in Ausstellungen. Denn dieses Beharren zeigt den Willen, Historizität in ihrer sinnlich-materiellen Form zu rehabilitieren, und stellt sich dem häufig betriebenen enthistorisierenden Umgang mit Geschichte(n) entgegen.

Subversive Erinnerungsutopie

Historischen Objekten ist aber auch – so wird argumentiert – eine »Bedeutungs-vielfalt« immanent, da sie Knotenpunkte vielfältiger Beziehungs- und Funktions-gefüge sind. Dadurch ermöglichen sie eine Fülle von Konnotationen und Sym-bolbedeutungen, die die Betrachtenden in ihnen entdecken können. Dabei kann auch assoziiert werden, was nicht, oder nur in einem sehr peripheren Sinn, Teil der offiziellen, von den Gestaltenden vorgenommenen Bedeutungszuweisung ist. Dazu kommen die ästhetischen Qualitäten von historischen Objekten und Kunstwerken. Authentische Objekte können somit bei den Besuchenden unter-schiedliche Assoziationsketten in Gang setzen – potentiell so viele, wie ein Objekt Betrachter erheischt. In diese Assoziationsketten mischen sich Erinne-rungen, Bekanntes und die Faszination von gänzlich Fremdem.[74]

Die Bedeutungsmöglichkeiten historischer Objekte sind somit meist kom-plexer als die Interpretationen und Hinweise in einer Ausstellung suggerieren. Sie können, indem sie Verbindungen und Bezüge mit dem je individuellen Vor-verständnis ermöglichen, jenen Kreuzungspunkt darstellen, an dem sich das per-sönliche mit dem kollektiven Gedächtnis verbindet. Diese Verbindungsmöglich-keit schafft überhaupt erst die Voraussetzung für die Aufnahme von »Neuem« und kann den »Erlebnisgehalt« eines Ausstellungsbesuchs ausmachen.[75]

Den historischen Überrest zeichnet somit etwas aus, das Korff seine »*Erin-nerungsveranlassungsleistung*«[76] nennt. Um einer möglichst großen Gruppe von Besuchenden zu ermöglichen, in einer Ausstellung Bezüge zur eigenen Lebens-welt herzustellen, erhebt er den Anspruch, die soziokulturelle Lebenswelt der Mehrheit zum Gegenstand der Dokumentation und Interpretation zu machen, um einen Anschluß an den »*Erfahrungshorizont*« der einzelnen zu gewinnen.[77] Diese Ausstellungstheorie baut somit auf eine »*subversive Erinnerungsutopie der Geschichtsopfer*«[78] und stellt sich damit der »*Erinnerung als Privileg herrschen-der Schichten*«[79] entgegen. Eine solche Präsentation historischer Überreste kann Anknüpfungspunkte für eine weiterführende Vermittlungsarbeit in Ausstellun-gen bieten, in der Gespräche über das Gesehene sowie praktisches Arbeiten und Experimentieren initiiert werden. In museumspädagogischen »Aktionen« können eigene Interpretationen der Objektarrangements ausgetauscht, diskutiert und/oder die ursprünglichen Funktionszusammenhänge der Objekte rekonstru-iert und diese damit in ein »*lebendiges soziales Gedächtnis*« integriert werden.[80]

Denn Erinnerungen besitzt nicht jeder oder jede für sich allein, sondern diese werden von außen »*in Erinnerung gerufen*«. Einerseits von den verschiede-nen Gruppen, wie Freundeskreis, Arbeitskollektiv, regionale Gruppen und soziale Schicht, andererseits von der materiellen Umwelt: den Orten, Gebäuden und Gegenstandswelten. Die Mitglieder der einzelnen Gruppen rücken be-stimmte Zeitabschnitte, Daten, Personen, Ereignisse und die Bedeutungen historischer Überreste der Vergangenheit in den Vordergrund und legen sie sich gegenseitig nahe. Andere, die für ein bestimmtes »*soziales Gedächtnis*« weniger relevant sind, treten dagegen in den Hintergrund und werden mit der Zeit vergessen. Es geht somit immer ein gesellschaftliches Moment in die individuelle Erinnerung ein, von der jeder meint, sie sei seine ureigenste.[81]

Die Möglichkeit, von historischen Überresten Erinnerung und Assoziationen zu veranlassen, kann für die Gestaltenden einer Ausstellung aber immer nur einen Ansatzpunkt darstellen. Sie können sich auf eine solche »Erinnerungsveranlassungsleistung« der historischen Überreste jedoch nicht verlassen. Denn diese sind nicht »Garanten« für »unmittelbares Wissen« über Vergangenheit. Der isolierte, aus seinem Funktions- und Gebrauchszusammenhang gerissene Gegenstand besitzt, vereinzelt präsentiert, keine historische Aussagekraft. Historisches ist in einer Ausstellung nur über ein »Vorwissen« erfahrbar, das jedoch am Gegenstand selbst nicht ablesbar ist.[82] Werden die Besuchenden mit ihren am Alltäglichen orientierten, individuellen Assoziationen ohne zusätzliche Orientierungshilfe alleingelassen, wird die Möglichkeit, kulturelle und zeitbedingte Differenzen zu erkennen, nivelliert. Dies ist umso problematischer, je weniger ein Gegenstand »*(...) ästhetisch und funktional mit der Gegenwart korrespondiert, d. h. wiedererkennend in seiner Zweckbestimmtheit oder Bedeutung zu verstehen ist.*«[83]

Individuelle Assoziationen sind zudem, wie Fischer analysiert, ein sehr »schwankender Boden«. Denn ihnen fehlt – entfernen sie sich zu weit voneinander – die »*allgemeine Verbindlichkeit, Voraussetzung jedes funktionierenden Codes*« und damit auch Voraussetzung dafür, über das Gesehene mit anderen kommunizieren zu können.[84] Erscheint in unserem Gesichtsfeld ein uns unbekannter Gegenstand, so setzt der Wahrnehmungsapparat ein dynamisches Such- und Vergleichsprogramm in Gang. Dieses funktioniert nach dem Schema »sieht aus wie«. Je schwieriger der Gegenstand zu identifizieren ist, desto weiter entfernen sich die Assoziationen der Betrachtenden von dem Bereich der Gegenstandswelt, aus der der Gegenstand ursprünglich stammt.[85] Was in den postmodernen Gestaltungstheorien oft als ausnahmslos positiv hingestellt wird – das »*Auftauchen weit voneinander entfernter Assoziationen*« –, macht, so Fischer, »*(...) im Gegenteil das Ausmaß der Sprachverwirrung deutlich, die Unfähigkeit, unsere Wahrnehmung zu einer identifizierbaren Botschaft werden zu lassen.*«[86]

Ausstellungen können sich auf eine solche »Erinnerungsveranlassungsleistung« der Objekte aber auch deshalb nicht verlassen, weil die Möglichkeit, sich anhand von Objekten einer Ausstellung zu erinnern und Verbindungen zur eigenen Lebenswelt zu finden, schicht- und geschlechtsspezifisch differenziert ist. Denn wir haben nicht alle an einem, sondern an mehreren und – je nach sozialer Schicht, Geschlecht, Arbeitskollektiv, Freundeskreis und Lebensort – unterschiedlichen »*sozialen Gedächtnissen*« teil.[87] Diese unterliegen auch vielfältigen Selektionsleistungen. Denn ausgewählt und bewußt wahrgenommen wird nur das, was für ein Individuum und seine sozialen Kommunikationsgefüge Relevanz besitzt.[88] Für Ausstellungen bedeutet dies, daß Eindrücke und Sinneswahrnehmungen, die nicht mit wichtigen Teilen des sozialen Lebens und der Alltagswelt in Beziehung gesetzt werden können, von den Besuchern und Besucherinnen »abprallen«. Man wendet sich beim Gang durch eine Ausstellung zwar unterschiedlichen Anreizen zu und registriert sie, aber vertiefte Aufmerksamkeit finden nur jene, die mit dem jeweiligen »Langzeitgedächtnis« verbunden werden können. In diesem »lagern« jedoch nicht nur schon bekannte Ereignisse, Personen, Bilder oder Zeitabschnitte, sondern auch geläufige Erfahrungen, eine bestimmte Form der Sprache und der Sehgewohnheiten.[89] Ist den Besuchenden das Dargebotene oder die Art und Weise der Darbietung völlig fremd, so bleibt es beim »*flüchtigen Sinnesreiz*« ohne weiterführende Konsequenzen.[90]

Ausstellungsbesuche wurden als »Symptome« von Bildung bezeichnet. Höhere Schulbildung und eine damit zusammenhängende höhere Betrachtungsdauer vergrößern in der Ausstellung aber auch die Chance, an schon vorhandene Assoziationsketten anzuknüpfen oder, anders ausgedrückt, »*wiedererkennend*« eine Ausstellung rezipieren zu können.[91] Bezugspunkte zur eigenen Lebenswelt können somit in den meisten Museen und Ausstellungen vor allem jene finden, die schon vor dem Betreten dieser Institutionen Kriterien zur Verarbeitung des Gesehenen zur Verfügung haben.[92] In Ausstellungen müssen daher, in irgendeiner Form, neue Kontexte angeboten und Fragen und Thesen aufgestellt werden. Ansonsten drücken sie denjenigen Teil ihres Publikums, dem ein Gegenstandsbereich völlig fremd ist, auf eine Ebene, auf der nur Bestaunen und nicht einmal Fragen bleiben. Denn »*die Tatsache, daß etwas nur mit Schwierigkeiten erreichbar ist, bringt nicht Adäquatheit der Wahrnehmung mit sich, obwohl sie einem Gegenstand jenen Nimbus geben kann, der manchen Scheinwerten anhaftet, wie es bei einem Edelstein, einem Filmstar oder einem alten Musikinstrument der Fall ist.*«[93]

Antimedialer Authentizitätseffekt?

In der Begründung, warum in einer Ausstellung eher historische Überreste als Reproduktionen, Kopien, Nachbauten und Imitationen eingesetzt werden sollen, wird auch explizit auf unsere postmodernistische Gegenwart Bezug genommen. Museen und Ausstellungen, die historische Relikte in ihr Zentrum stellen, sind – so wird behauptet – »*(...) Orte einer authentischen Konträrfaszination in einer Welt, in der Medien ubiquitär, in der Secondhand-Information und vermittelte Erfahrung die Regel geworden sind.*«[94] Denn sie bauen auf den »*unmittelbaren Kontakt mit dem originalen Gegenstand*«, während beispielsweise Filme und Videos immer über ein »*zwischengeschaltetes*« Medium Informationen über Vergangenes vermitteln. Historischen Relikten ist somit ein »*antimedialer Authentizitätseffekt*« zu eigen.[95]

So wollten beispielsweise die Gestalter der Ausstellung »Stadt im Wandel. Kunst und Kultur des Bürgertums in Norddeutschland 1150–1650« (Braunschweig 1985) einer »*(…) sich als postmodern definierenden Gegenwart mit ihren immer mehr überhand nehmenden Kunstrepliken und -replikaten, ihren Reprints und Faksimiles alter Bücher und ihren Nachbildungen, Zitaten und Rekonstruktionen historischer Architektur (…)*« mit einem Konzept entgegentreten, das die Besucher mit »*der Realität der historischen Wirklichkeit*« konfrontiert.[96] Gottfried Korff verfolgte mit der Preußen-Ausstellung (Berlin 1981) die ganz ähnliche Intention, »*(…) den Ausstellungsbesucher ganz unmittelbar an das Gegenständliche und Greifbare der historischen Wirklichkeit heranzuführen, um ihm so Individualität und Struktur der verschiedenen historischen Epochen verständlich und sinnlich erfahrbar zu machen.*«[97]

Mit einer solchen Argumentation, die einen »unmittelbaren« und »direkten« Kontakt mit der »historischen Wirklichkeit« beschwört, der über die »authentischen Relikte« laufen soll, überfordert diese Ausstellungstheorie jedoch die musealisierten Objekte und kippt zudem in eine »Rousseausche Vorstellung paradiesischer Unmittelbarkeit« um. Denn historische Objekte können – wie Julia Endrödi feststellt – durch ihre Fragmentarik und Isolation weder »*(…) die Vergangenheit in ihrer* »*authentischen Struktur heraufbeschwören, noch sind sie geeignet, die bzw. eine Geschichte zu authentifizieren.*« Sie können nur Auslöser und Anhaltspunkte unserer Auseinandersetzung mit Vergangenheit sein.[98] »Unmittelbar« und »direkt« kann unser Kontakt mit Vergangenheit in Ausstellungen somit nie sein. Sie können maximal einen – höchst vermittelten – Kontakt mit »Geschichte(n)« anbieten. Gegenwärtig wird häufig versucht, den Imitationen und Simulationen, dem offenkundigen Zuwachs von »Künstlichkeit«, mit dem »Originalen«, »Ursprünglichen« oder »Vitalen« entgegenzutreten. Vergessen wird dabei jedoch, daß »Falsches« wie »Echtes« gleichermaßen Behauptungen sind, die es zu beweisen gälte.[99]

Dem könnte in historischen Ausstellungen durch die Darstellung der Überlieferungsgeschichte(n) der einzelnen Objekte – jener bis zum Zeitpunkt ihrer Musealisierung, aber auch jener in den einzelnen »Endlagerstätten« – entgegengetreten werden. Diese sowie die Geschichte(n) der Museen und Sammlungen würden, wie Korff selbst anmerkt (jedoch weder zum Angelpunkt seiner Konzeption macht noch in den von ihm mitgestalteten Ausstellungen umsetzt), zudem die historisch wechselnden Interessenslagen in der Hinwendung zur materiellen Kultur und deren Konservierung erschließen. Sie würden damit auch den Wandel des Geschichts-, Kultur- und Geschmacksverständnisses dokumentieren.[100] Denn erst wenn Ausstellungen dieser Forderung nachkommen und ihre eigene Historizität und Rolle reflektieren, können sie »*einen Beitrag zur Darstellung der Geschichte als gesellschaftliches Produkt*«[101] leisten.

Zusammenfassung: historischer Überrest

Historische Objekte haben »Dokument- und Zeugnischarakter«, sie ermöglichen eine bestimmte »Zeiterfahrung« und veranlassen Erinnerungen und Assoziationen. Ihre Verwendung ermöglicht somit eine Rückgewinnung historischer Erfahrung in den ästhetischen Medien, garantiert diese jedoch nicht. Aber nicht nur historische Überreste, sondern auch die auf den verschiedenen Ebenen der Geschichtsproduktion – in den Wissenschaften, im Alltag und in der Kunst – zirkulierenden Geschichtsbilder haben Dokument- und Zeugnischarakter und sollen somit in Ausstellungen vorkommen, egal ob sie Reproduktionen, Nachbauten, Dias, Filme oder »Simulakren« sind. Historische Überreste können aufgrund ihrer Isolation und Fragmentarik nur Anregungen für unsere Auseinandersetzung mit der Vergangenheit sein, sie jedoch nicht »heraufbeschwören«. Indem in dieser Ausstellungstheorie ein von »authentischen« Objekten garantierter »unmittelbarer« und »direkter« Kontakt mit der »historischen Wirklichkeit« beschworen wird, »sakralisiert« sie selbst das Alter, die »Authentizität« und »Echtheit« historischer Gegenstände – eine Sakralisierung, der sie prinzipiell jedoch entgehen möchte. Denn ein Gegenstand kann in Ausstellungen nur »authentisch« oder »echt« sein, im Sinne von »verbürgt oder behauptet« »echt« bzw. »authentisch«. Diese »Behauptetheit« der »Authentizität« von Objekten wird in dieser Ausstellungskonzeption jedoch nicht in Rechnung gestellt. Den Nachweis dieser Echtheit und damit die Möglichkeit zu ihrer Überprüfung mitzuliefern wird nicht als notwendig erachtet. »Aura des Authentischen« meint somit nicht etwas, das am Gegenstand »hängt«, sondern ein für die Gegenwart produktives Verhältnis zwischen Subjekt und Objekt, in dem Erinnerungen des kollektiven wie auch des individuellen »unbewußten« Gedächtnisses auftauchen können.

Kollisionen von Gegenständen

Obwohl der historische Überrest im Zentrum dieser Ausstellungstheorie steht, wird betont, daß dieser nicht als isoliertes und vereinzeltes »*Beeindruckungsding*«[102] präsentiert werden soll. Aufgrund seiner Abgeschnittenheit von ursprünglichen Funktions- und Bedeutungszusammenhängen bedarf er der »*Herstellung kontextueller Bezüge*«, die seine geschichtliche Dimension »offen halten« und die durch seine Musealisierung entstandene Kluft zwischen Objekt und Betrachter überwinden.[103]

»*Inszenierung*« wird von den Vertretern dieser Ausstellungskonzeption als »*Anordnung und Installation der Objekte in einem Raum – nach Maßgabe einer Deutung*«[104] verstanden. Die Gegenstände sollen so arrangiert werden, daß durch die Art und Weise ihrer Komposition in Zusammenspiel mit der Ausstellungsarchitektur eine Interpretation erfolgt. Es soll mittels Originalen und Kunstwerken »*argumentiert*« werden.[105] Diese Form der Inszenierung wird auch als »thematisches Ensemble«, »authentische Dokumentation« oder »selbstevidentes Arrangement« bezeichnet. Diese sollen möglichst von Textinformationen frei gehalten werden, obwohl eingeräumt wird, daß in den meisten Fällen der Erläuterungsbedarf der musealisierten Objekte so groß sei, daß auf narrative Kommentare nicht zur Gänze verzichtet werden kann.[106] Die historischen Objekte sollen aber auch von »*ausschweifenden Inszenierungen*«[107] freigehalten werden. Denn der Bedeutungsspielraum, den das Objekt als materialisiertes kollektives Gedächtnis fokusiert, soll nicht durch eine allzu dominante Inszenierung mittels Werkzeugobjekten beschnitten werden.

Das Aufzeigen von großen Linien, Zusammenhängen, Fragen und Thesen ist deshalb nötig, um Geschichte »*nicht nur im Modus einer Kaffeemühlennostalgie*« zu betreiben. Denn: »*über das Kotelett in der Pfanne (...) wird nicht nur in der Küche, sondern auch auf den Viehbörsen in Chicago und auf den Effektenmärkten in New York entschieden (Brecht).*«[108] Über die in diesen Arrangements präsentierten historischen Dingwelten sollen soziale Zusammenhänge, geistige Kräfte, Strukturen und Funktionen historischer Lebenswelten erkennbar gemacht werden.[109] Analytische Zusammenhänge sollen somit in eine ästhetische Dimension umgesetzt werden – in bildhaft arrangierte Szenen, die auf Geschichte verweisen. Dabei soll das, »*(...) was zu sehen ist, (...) nie dasselbe oder einfach mehr oder weniger sein, als eine Beschriftung zu sagen hätte. Es muß ein Neues, einen Trick der Evidenz mit sich führen, der mit Worten grundsätzlich nicht erzielt wird.*«[110] In eine solche »Redimensionierung« mischt sich jedoch mit dem Vergangenem immer auch Gegenwärtiges. Denn die Maßstäbe für unser Wissen über Vergangenes liegen nicht allein im überlieferten Material, sondern auch in den Fragestellungen und Interessen der Gegenwart, von der aus Vergangenes rekonstruiert und damit Geschichte produziert wird.[111] Um den »konstruierten Charakter« einer Geschichtspräsentation in Ausstellungen nicht zu verwischen und um nicht zu suggerieren, daß Vergangenheit in diesen »lückenlos« reproduziert werden kann, sollen diese Arrangements durch das Mittel der »Montage«, durch Mittel der Überraschung und des Tricks, modifiziert werden. An die Stelle der Realitätsimitation, die eine Schein-Nähe zur Vergangenheit simuliert, soll die »ironisch gebrochene Montage« treten.[112] Durch eine solche Zusammenfügung, die »Kollision« von historischen Überresten, soll der Benjaminsche »*choque*«,

»*der kleine spezifische Schrecken*«, der in Ausstellungen »*aus den Dingen heraus-zuholen*«[113] ist, provoziert werden.

Dadurch will man einer pathetischen, monumentalisierenden Geschichtsdarstellung, die »*Fabel, Symbol und Mythos*« liefert, sowie einem fatalen Schein kompletter Anschaulichkeit entgehen und zugleich verhindern, daß die historischen Überreste wie »*säkularisierte Reliquien*« in »*ästhetischen Kirchen*« präsentiert werden.[114]

Denn der »*choque*« stellt eine Erkenntnisform dar, die Kontemplation durch eine »*gesteigerte Geistesgegenwart*«[115] verhindert. Er kann unter Umständen die Neugierde, die Aufmerksamkeit und das Interesse der Besuchenden steigern. Denn »*die Masse*« will – so Benjamin – »*(...) nicht belehrt werden, sie kann Wissen nur mit dem kleinen chock in sich aufnehmen, der das Erlebte im Inneren festnagelt*«. Ihre Bildung ist demnach »*eine Folge von Katastrophen, die sie auf Rummelplätzen und Jahrmärkten in verdunkelten Zelten ereilen.*«[116]

Bei der Erzeugung solcher »Wahrnehmungschocks« soll von den Dadaisten und Surrealisten gelernt werden. Gegenstände werden dabei so zueinandermontiert, daß vergangene, verdrängte Erfahrungsgehalte mit der »Jetztzeit«, der Gegenwart, zu einer »schockhaften Kollision«, einem dialektischen Bild, zusammentreten können.[117] Arrangements in Ausstellungen sollen somit die Form von »*dialektischen Bildern*« annehmen, die »*blitzhaft*« Erkenntnis produzieren.[118] Denn »*Erkenntnis gibt es nur bildhaft, weil blitzhaft, der Text ist der langnach-rollende Donner*«.[119] Bei dieser Form der Inszenierung sollen neben der Überraschung auch Ironie und Humor nicht fehlen. Denn für Ausstellungen soll – nach Benjamin – das Motto gelten: »*Langeweile verdummt, Kurzweil klärt auf.*«[120]

Gerade dieses dialektische Moment, das auf Wiedergewinnung der Historizität aus ist, unterscheidet die »Montage«, für die in dieser Ausstellungskonzeption plädiert wird, von jener, die in postmodernistischen Gestaltungen praktiziert wird. Denn in diesen wird sie zu einem unverbindlichen Kombinieren von Fragmenten, deren »*semantische Dimension*« ausgeblendet wird und die dadurch »*bloß zeichenhaft*« bleiben. Die Montage wird dadurch zu einer mechanisch wiederholten Technik, die Gags produziert. Die einzelnen Fragmente werden zu »*Konsumgütern bagatellisiert*«, das »*Gebrochene*« hat keinen dialektischen Wert, sondern wird zu einer »*Ikone und Tauschwert*«.[121]

Benjamin, die Dadaisten und die Surrealisten verstehen die Montage aus Fragmenten, aber auch als eine Gestaltung, die »*die wirkliche Unordnung negativ widerspiegelt*«[122]. Das Fragment sehen sie als Chiffre des Vielfältigen, das sich nicht systematisieren läßt und die Vorstellung einer Totalität problematisiert. Ein solches Zueinandermontieren und Durchmischen von Fragmenten macht somit auch auf die Vorläufigkeit und Widerrufbarkeit einer Gestaltung aufmerksam.[123]

Die Montage, Collage, unerwartete Information oder Überraschung sind somit als ein »*didaktischer Versuch der Zerstörung der Aura*«, ein »*Aufrauhen der ästhetischen Politur*«[124] zu werten. Damit soll jene Haltung gegenüber historischen Überresten verhindert werden, die Jauß als »Sakralisierung ihrer Authentizität« beschrieben hat.

Der Benjaminsche »choque« kann jedoch nicht einfach als Ausweis einer geschärften Wahrnehmungsfähigkeit oder als »subversive Qualität« aufgefaßt werden, sondern muß sich immer auch mit Reflexion oder kommunikativem Austausch verbinden, damit er für die Gegenwart produktiv gemacht werden kann.[125] Die »dialektischen Bilder«, die er hervorrufen kann, können Reflexion und diskursive Aneignung somit nicht ersetzen, wohl aber anregen.[126]

Diese Form der Inszenierung fördert – so Korff – die »*historische Einbildungskraft*«, sie veranlaßt zu Neugier und weiteren Fragen und trägt auch zum »*(...) Erlernen von Sensibilität und Spürsinn im Dechiffrieren historischer Monumente und Dokumente der Vergänglichkeit (...)*« bei.[127] Sie macht aber auch etwas von jenen Schwierigkeiten erkennbar, die mit der Aneignung von Geschichte verbunden sind.[128]

Werkzeugobjekte, Medien und architektonischer »Überbau«

Diese Ausstellungskonzeption macht die Montage authentischer Objekte zu ihrem Angelpunkt. Andere Mittel der Inszenierung, ohne die allerdings kaum eine Ausstellung auskommen kann, werden dieser gegenüber, vor allem in der Theoretisierung, eher vernachlässigt, zum Beispiel Vitrinen, Sockel, Schrifttafeln, Beleuchtungskörper, Stellwände, Textfahnen, Tücher, Bühnen und anderes, also all jenes, das unter dem Begriff »Werkzeugobjekte« zusammenfaßt wird. Diese bilden zusammen erst das System, das eine Grenzlinie zwischen der »*wirklichen Welt*«, in der man Gegenstände berühren, aus der Nähe betrachten und anfassen kann, und der »*synthetischen Welt*« der Ausstellung sichtbar macht.[129] Aber auch eine Beschäftigung mit jenen »immaterialen Medien«, wie Licht, Farbe, Ton, Geräusche, Wärme und Kälte, die unabhängig von ihrem Inhalt unsere Sinneswahrnehmung strukturieren, also selbst »Botschaften« sind,[130] wird ausgespart.

Die elektronischen Medien, wie Videos und Computersysteme, werden nicht nur unberücksichtigt gelassen, sondern zudem als »*Secondhand-Information und vermittelte Erfahrung*«[131] rein negativ bewertet. Dies ist nicht nur deshalb fatal, weil sie gegenwärtig in Ausstellungen einen wichtigen und häufig zentralen Stellenwert innehaben, sondern auch weil heute Videos, Filme, Computermedien und Diaserien – und nicht mehr die Ausstellungen, wie Benjamin noch behaupten konnte – die »*vorgeschobensten Posten auf dem Terrain der Veranschaulichungsmethoden*« darstellen und dem »*Anschauungskanon unserer Tage*« am ehesten entsprechen.[132]

Geht auch die Ausstellungsarchitektur in der Theoretisierung fast zur Gänze unter, so zeigt die praktische Umsetzung, daß sie eines der elementarsten Mittel der Gestaltung einer Ausstellung ist. So wird im Katalog der Ausstellung »Berlin, Berlin. Die Ausstellung zur Geschichte der Stadt« (Berlin 1987) – eine Ausstellung bei der die Gestalter um die Umsetzung dieses Konzeptes bemüht waren – ausdrücklich auf die Bedeutung der architektonischen Gestaltung hingewiesen. Die Inszenierung der Räume selbst wird als »*Deutung und Interpretation*« begriffen, da sich beim Abschreiten der Ausstellung ein ständiger Wechsel ergibt zwischen einem »*Gesamteindruck*«, der durch die Gestaltung der Räume im ganzen, d. h. vor allem durch ihre Architektur, entsteht, und den »*Einzelimpressionen*«, die einzelne Arrangements sowie die Schaustücke hervorrufen. Die Inszenierung – so wird gefordert – muß die »Stimmigkeit« von Einzelimpression und Gesamteindruck in bezug auf den zu vermittelnden Inhalt im Auge behalten.[133] Denn die architektonische ist nicht wie andere Formen visueller Kommunikation – beispielsweise Film, Tanz und Pantomime – von Sukzession bestimmt, sondern im wesentlichen von Simultanität gekennzeichnet: »*Die Gesamtheit der Informationen erfolgt simultan, nicht Wort für Wort hintereinander wie in der Sprache. Gleichzeitig mit dem Ganzen sind alle Teile präsent, selbst die geringsten.*«[134]

Die Architektur – die Außen- ebenso wie die Innenarchitektur – visualisiert leitende Ideen und ist damit Teil der »heimlichen Didaktik« jeder Ausstellung. In ihr liegen »Schlüssel« zur Interpretation der aufgestellten Exponate und Objektarrangements, sie hält diese zusammen und legt den inhaltlichen und ästhetischen Rahmen der Ausstellung fest.[135] Sie ist somit genausowenig zu vernachlässigen wie die »Werkzeugobjekte« und die »immateriellen« und elektronischen Medien, sondern an zentraler Stelle in die Reflexion über Ausstellungen miteinzubeziehen.

POPULARISIERUNG

Popularisierung wird oft als leichte, seichte Unterhaltung, als Halbbildung abgetan. Sie wird kritisiert, weil sie sich an den Gestaltungsformen der Unterhaltungsmedien orientiert. Wissenschaftlichkeit und der für den Umgang mit Kunst und Kulturgütern als notwendig erachtete Ernst kommen dabei – so wird häufig befürchtet – zu kurz. Von anderer Seite wird kritisiert, daß zuviel Unterhaltung der Bildungsmöglichkeit historischer Ausstellungen, der Information und Aufklärung, zuwiderläuft.[136]

Diesen vielfältigen Angriffen wird mit diesem Ausstellungskonzept ein Plädoyer für eine bestimmte Form der Popularisierung entgegengesetzt. Historische Ausstellungen bereichern, so wird behauptet, die »*(...) historischen Vermittlungs-*

formen um einen effektvollen und publikumswirksamen ›Kanal‹«.[137] Sie können, da sie nur für kurze Zeit bestehen, in ihren Präsentationen mutiger und experimenteller sein als Museen. Um *»in die Öffentlichkeit hineinzuwirken und einer breiten Diskussion Stoff und Richtung«* zu geben, benötigen sie allerdings *»inszenatorischen Wagemut«*.[138] Ihre Chance besteht – so Korff – vor allem darin, immer wieder von neuen Erkenntnissen und Positionen aus Themen und Thesen auf anschauliche und unterhaltende Weise mit Tricks und Überraschungen zu präsentieren. Auf diese Weise können sie das Verständnis von Geschichte und Gegenwart fördern und ein breites Publikum ansprechen.[139]

Auch in diesem Fall gehen die Überlegungen auf Thesen von Walter Benjamin zurück. Dieser sieht die Aufgabe von Ausstellungen vor allem darin, *»(...) das Wissen aus den Schranken des Fachs zu lösen und praktisch zu machen.«*[140] Dabei kommt der Unterhaltung große Bedeutung zu. Ausstellungen sollen daher – wie schon oben zitiert – unter das Motto *»Langeweile verdummt, Kurzweil klärt auf«*[141] gestellt werden.

Korff argumentiert in diesem Zusammenhang auch gegen das »Pädagogisieren« in Ausstellungen. Seiner Meinung nach sollen *»Institutionen mit einem hohen Bildungswert (...) nicht pädagogisiert werden.«*[142] Didaktik und Pädagogik scheint er aber in einem sehr engen, schulpädagogischen Sinn zu verstehen. Ausstellen und Didaktik, in einem erweiterten Sinn verstanden, sind jedoch immanent aufeinander angewiesen, da beide mit Kommunikation zu tun haben. Nur die Mittel und Inhalte einer »heimlichen« oder expliziten Didaktik von Ausstellungen sind kritisierbar.[143]

Die Idee der Popularisierung, in Verbindung mit historischen Ausstellungen, ist grundsätzlich ambivalent. In ihr steckt einerseits ein *»Beharren auf breiteste soziale Geltung musealer Erinnerung«*, andererseits aber auch eine *»Zwangsbeglückung«* mit Überlieferung, mit Bedeutungen und Erinnerungen, die von einer schmalen fachwissenschaftlichen und bürokratischen Elite vorselektiert und vordefiniert werden.[144] Es stellt sich angesichts des Faktums einer verstärkten Zuwendung zu Ausstellungen und Kulturereignissen generell allerdings die Frage, ob man diese einfach der *»Gegenaufklärung«* überlassen soll, die versucht, in den Bereichen des Ästhetischen, Historischen und Moralischen all das zu kompensieren, was die Naturwissenschaften im Banne des Empirismus und der blinden Fortschrittsgläubigkeit verabsäumt haben.[145] Sinnvoller scheint es zu sein, wie Hans Robert Jauß anläßlich eines »Aufklärungskongresses« fordert, die Herausforderungen einer Zukunft anzunehmen, in der mit den Informationsstrukturen, mit der Entwicklung der Mikroelektronik, Nachrichtentechnik und integrierter Optik auch die Lebensfragen Arbeit, Berufsauffassung und Verfügung über die Lebenszeit radikal geändert sein werden.[146] In einer solchen potentiellen »Freizeitgesellschaft« könnte Kunst und Kultur in ihrer *»kommunikativen und urtei-*

lenden Funktion« aufgerufen und *»in eigener Regie zum ästhetischen Instrument politischer Kultur«* gemacht werden. Dies fordert Jauß auch deshalb, um die *»im Prozeß der Modernisierung entstandene ›zweite Unmündigkeit‹ zu überwinden«*, als deren Parameter er *»Subjektmüdigkeit, Gedächtnisschwund, Sprachzerfall«* und *»Remythisierung«* beschreibt. Denn Aufklärung und Sinnlichkeit, Verstehen und Genießen, Erkenntnis und Unterhaltung sind keine Widersprüche, sondern in der ästhetischen Erfahrung zusammengeschlossen.[147]

BEISPIELE

Realisiert wurde diese Ausstellungskonzeption in den beiden von Gottfried Korff mitgestalteten Ausstellungen im Martin Gropius-Bau in Berlin »Preußen, Versuch einer Bilanz« (1981) und »Berlin, Berlin. Die Austellung zur Geschichte der Stadt« (1987). Beide *»argumentierten«* mit Hilfe originaler Objekte und Kunstwerke, wollten *»sich aber nicht unter deren Zwang begeben.«*[148] Auch die oben schon angeführte Ausstellung »Stadt im Wandel. Kunst und Kultur des Bürgertums in Norddeutschland 1150–1650« (Braunschweig 1985) lehnte sich stark an diese Ausstellungskonzeption an. Sie stellte, angeregt auch von der französischen Historikerschule um Jacques Le Goff, thematisch gruppierte Objektensembles ins Zentrum der Präsentation.[149]

Eine andere Ausstellung, die nach einem ähnlichen Prinzip arbeitete, allerdings verstärkt Künstler und Künstlerinnen in die Gestaltung miteinbezog, war die Ausstellung, »Mythos Berlin« (Anhalter Bahnhof, Berlin 1987). Das »Ruinenfeld« eines Bahnhofs, das sämtlichen Instandsetzungsarbeiten nach dem 2. Weltkrieg entgangen ist, wurde durch einzelne Objekte, Kunstwerke und Arrangements zum »Sprechen« gebracht. Ort und Objekte wurden auf eine Weise zueinander in Beziehung gesetzt, daß die auf dem Gelände präsenten *»historischen Schichten«* zum Teil *»offengehalten«* wurden.[150]

Auch die »Musées sentimentales« von Daniel Spoerri und Marie-Luise Plessen sind nach einem ähnlichen Prinzip gestaltet. In ihnen werden historische und zeitgenössische Gegenstände – Originale, Kopien, Fälschungen, »Reliquien«, ganz Bedeutendes und ganz Banales – kombiniert und in alphabetischer Reihenfolge unter speziell für einzelne »Stadtgeschichten« ausgewählten Stichworten präsentiert. Die Auswahl und Montage der Gegenstände erfolgt nach »anekdotischen Gesichtspunkten«. Im »Musée Sentimentale de Cologne« fanden sich beispielsweise die Aktentasche und Rosenschere Adenauers neben den Dessous von Agrippina, der ersten Mieterin des neugegründeten Eros-Centers – eine Anordnung, die sich durch die alphabetische Reihenfolge ergab.[151] Mit diesem Konzept wollen Plessen und Spoerri traditionelle Hierarchisierungen und Wertvorstellungen in Ausstellungen unterlaufen und die »Entschlüsselungsmuster« der Betrachter und Betrachterinnen durcheinanderbringen.[152] Ihre Projekte bieten jedoch nur zum Schein eine Alternative zur herkömmlichen Museumspraxis: Denn die Auswahl der Objekte geschieht nicht nur durch die Setzung des einheitlichen Kriteriums der alphabetischen Reihung (was das Anarchische eines solchen Unternehmens ausmachen würde), sondern hauptsächlich durch die Subjektivität der Gestaltenden. Diese entscheiden, für welche Objekte die beiden Kriterien »sentimentaler Bezug« und »aus Köln« zutreffen. Unversehrt bleibt dabei die Institution des »Museumsdirektors«, der das, was er interessant findet, etabliert. Das »Musée Sentimentale« enthält und affirmiert somit die Undurchschaubarkeit der Auswahl- und Präsentationskriterien der Institution Museum, gegen die es antritt.[153] Fehr sieht es damit als »*dem Wesen nach dekorativ und darüber hinaus bestenfalls ein polemisches Unternehmen*«.[154]

Trümmer-Schau

Enno Neumann hat ebenfalls die oben beschriebene Konzeption weitergeführt, zum Teil modifiziert und umgesetzt. Er gestaltet aus vielen Überresten und Dokumenten verschiedenster Gegenstandsbereiche »*Denkmäler*«, die durch einen intendierten Bildsinn zusammengehalten werden und in denen die historischen Objekte demonstrieren, »*(...) daß sie immer noch mit Meinungen und Doktrinen, Einfällen, Gedanken und sozialen Mitteilungen beladen sind.*«[155]

Er formuliert für sich den Anspruch, »*historischen ›Stoff‹ für die Gegenwart*« aufzubereiten, und »*inszeniert*« deshalb in seine Environments »*sehr viel Gegenwart hinein*«.[156] Dieser Gegenwartsbezug soll es den Betrachtenden unmöglich machen, »*(...) in einer nicht weiter beunruhigenden Vergangenheit kontemplativ zu versinken.*«[157]

Ein Beispiel dafür findet sich in dem als Eisdiele der fünfziger Jahre hergerichteten Café in der Ausstellung »Vom Trümmerfeld ins Wirtschaftswunderland. Ein Stück Nachkriegsgeschichte. Bochum 1945–1955« (Bochum 1986/87), das als zentraler Bezugspunkt und als »Ausruhmöglichkeit« fungierte. Dort waren nicht nur Dokumente der Antiatomkraftbewegung der fünfziger Jahre angebracht, sondern – auf den Getränkekarten – auch die letzten Cäsium-Werte angeführt.[158]

In seinen Montagen werden »*(...) alle Exponate – d. h. Objekte, Schrift- und Bilddokumente, Originale wie Kopien – gleichgestellt*«.[159] Er verwendet somit nicht ausschließlich historische Überreste, sondern auch Kopien, beispielsweise von Schriftstücken, Akten, Zeitungsausschnitten und Fotografien, die er als Reproduktionen, aber auch experimentell einsetzen kann. Dieses für ihn am schwierigsten ausstellbare, weil tendenziell »langweilige« Material »*kostümierte*« er mit rostigen Nägeln, Klebestreifen, Brandmalen oder mit Leukoplast, zerriß oder bespritzte Fotos oder Akten mit Farbe, heftete sie an Wände oder legte sie am Boden aus.[160] Die von ihm gestalteten Environments sind Beispiele für Inszenierungen, »Montagen«, wie sie in dieser Aussstellungskonzeption gefordert werden. In ihnen kombiniert er historische Objekte – »*Fragmente mit langer Tradition, deren Vorbestimmung es allerdings gewesen ist, nicht zusammen aufzutreten*« – mit Dingen des täglichen Lebens der Gegenwart, »*die unter historisch-sozialem und menschlich-anekdotischem Aspekt die erfüllte Vergangenheit in der ›Jetztzeit‹ (Walter Benjamin) konstruktiv einsetzen.*«[161]

Beispiel

Eine Installation in der obengenannten Ausstellung (Abb. 9 und 9a) befaßte sich mit dem Thema »Ernährung« in den Nachkriegsjahren. In ihr versammelte Neumann Fotos, ein zeitgenössisches Plakat sowie verschiedenste historische Überreste: Lebensmittelkarten, Zuteilungsverordnungen, ein Foto, das Schlange stehende Menschen vor einem heute noch existierenden Bochumer Lebensmittelgeschäft zeigt, ein anderes auf dem eine »Gebt-uns-Brot«-Demonstration zu sehen ist, ein Wahlplakat der KP sowie eine Liste verschiedener internationaler Hilfsorganisationen. Am Boden davor waren Care-Pakete aus den USA und ein Knorr-Suppenwürfel-Karton gestapelt, darauf war ein Kochtopf plaziert, der ein Kruzifix enthielt. Links sah man – leere – Kannen, Töpfe und Eimer kombiniert mit dem Skelett einer Katze. In der Vitrine daneben montierte er einen – bis auf ein Paket Mottenkugeln leeren – Kühlschrank, eine Trommel der Hitlerjugend, Lebertranflaschen, einen Sarotti-Schokoladenmohr, einen selbstgebastelten Kaffeeröster und einen Koffer mit Tabakblättern. Im Hintergrund hing ein Miserior-Plakat, das den gegenwärtigen Hunger in der dritten Welt zum Inhalt hat. Darüber prangte ein französisches Reklameschild aus den fünfziger Jahren, das ein rotwangiges, strahlendes Kind zeigt, das gerade im Begriff ist, von einem Butterbrot abzubeißen.[162]

Installationen wie diese erschließen sich den Betrachtenden »erst nach und nach, d. h. durch sukzessive Lektüre«, und sind damit, wie Sigrid Godau feststellt, »*Hinweis auf den Formungsprozeß historischer Erkenntnis selbst*«: Aus einer Fülle an überlieferten Daten – Texten, Bildern und Objekten – entsteht, durch Selektion und Interpretation, ein »Ganzes«, dessen Bezugspunkte die Interpreten und Interpretinnen sind.[163]

IMAGINIERTE WELTEN

Die Realisierung einer Ausstellung endet nicht mit dem Aufbau einer Inszenierung. Den letzten Schritt vollziehen die Besucher und Besucherinnen, indem sie ihre je eigenen Vorstellungswelten schaffen. Diesen Akt bezeichnet Heinisch als »*imaginäre Welt*« der Besucher.[164] Da »imaginär« jedoch eine nicht reale Welt im

Gegensatz zum Realen bezeichnet, mit »imaginieren« jedoch eher das aktive Tun, das »Sich-etwas-Vorstellen« gemeint ist und zudem diese Vorstellungswelten reale Gegebenheiten darstellen, eignet sich die Bezeichnung »imaginierte Welten« der Besucher für diesen Akt besser.[165] Beim Entziffern einer Ausstellung muß die Wahrnehmung der Betrachter erheblich zwischen unterschiedlichen Ebenen springen: zwischen visuellem Formeindruck, Lesen der Beschriftungen, Materialwahrnehmung, Erinnerung und Assoziationen mit anderen Zusammenhängen. Sie ist gekennzeichnet durch ständiges Hin- und Herwechseln zwischen Innen- und Außenwahrnehmung, zwischen Subjekt und Objekt.[166] Dabei ist sie von mehreren Faktoren determiniert:

Das Zusammenspiel aller Mittel der Inszenierung strukturiert nicht nur die »Sprache der Objekte«[167], sondern, von der anderen Seite her betrachtet, auch die Wahrnehmung der Besucher. Inszenierungen erleichtern somit bestimmte Einsichten und erschweren andere.[168]

Die Vorstellungswelten der Betrachter werden aber auch durch den »Parcours« strukturiert, den diese, durch eine Ausstellung gehend, zurücklegen und während dem sie das räumliche Neben- und Nacheinander beispielsweise in historische Zeiträume auflösen.[169] Informationen über die Ausstellung, die beispielsweise Zeitungen, Journalen, Radio und Fernsehen oder den massenhaften Reproduktionen auf Plakaten, Plastiktaschen oder Kopftüchern schon vor dem Besuch entnommen werden, sind »Zusatzreize«, die auf das Rezeptionsverhalten in Ausstellungen ebenfalls einwirken. Denn man bleibt eher bei jenen Objekten hängen, die schon von anderen Medien her bekannt sind.[170]

Yves Michaud führt noch einen weiteren Faktor ein, der die Rezeption einer Ausstellung determiniert: den »idealen Betrachter«, der bei der Inszenierung einer Ausstellung von den Gestaltern und Gestalterinnen intendiert wird, auf den hin eine Ausstellung und der Katalog zugeschnitten werden, der in einer bestimmten Art und Weise agiert und reagiert und der sich in den meisten Fällen von dem »realen Betrachter«, der eine Ausstellung besucht und auf sie reagiert, unterscheidet.[171] Der »ideale Betrachter« der hier besprochenen Ausstellungskonzeption soll »mitmachen« im übertragenen wie im wörtlichen Sinne: Er soll assoziieren, über die möglichen Bedeutungen der »Montagen« nachdenken und ihnen eine historische Aussage abringen.[172] Die Besuchenden sind selbst aufgefordert zu »rahmen«, ihnen wird die »synthetische Leistung« als (scheinbare) »Produzenten« überlassen. Diese Rolle ist jedoch deshalb immer eine scheinbare, da die Besucher und Besucherinnen in den Ausstellungen selbst meist doch Reproduzierende bleiben, die versuchen, das von den Gestaltenden Inszenierte zu ergründen: denn keine der genannten Ausstellungen wurde, war sie einmal installiert, aufgrund von Anregungen aus dem Publikum verändert.[173]

Bei dem Behandeln der Besucher und Besucherinnen als potentielle »Co-

Autoren« sollte jedoch nicht aus dem Blick geraten, daß die Lektüre des Publikums auch durch das, »was die Besucher mitbringen«, wie Vorwissen oder die augenblicklichen Befindlichkeiten und Erinnerungen, strukturiert wird. Denn einen »reinen Blick«, der die Inszenierung in vorgegebener Abfolge entschlüsselt oder der auf natürliche Begabung zurückzuführen ist, gibt es nicht.[174] Wenn ein bestimmtes Wissen, auf das sich eine Ausstellung bezieht, nicht »mitgebracht« wird und sich dadurch nur wenige Möglichkeiten zur Anknüpfung von Assoziationsketten ergeben oder wenn die Art und Weise der Gestaltung den Wahrnehmungsgewohnheiten völlig zuwiderläuft, sieht man unter Umständen nur den *»Finger, der zeigt, aber nicht, was er zeigt.«*[175]

Darauf muß in Ausstellungen Rücksicht genommen werden. Auch wenn Sehen nicht nur eine Angelegenheit des Wissens, des Erinnerns oder, anders ausgedrückt, nicht nur »wiedererkennendes Sehen« ist, sondern immer auch durch das Gefallen des Sichtbaren, den »Charme« der Bilder und Arrangements, die eine Ausstellung entwirft, bestimmt ist. Als solche ist sie immer auch abhängig von dem Einfallsreichtum ihrer Gestalter und Gestalterinnen und *»sitzt auf dem Trockenen«*, wenn sie nicht *»(...) (in welcher Form der Überwindung oder Sublimation auch immer) Züge des irritierenden, Sensation machenden Raritätenkabinetts, der Rumpelkammer sich einverleibt.«*[176]

Der »ideale Betrachter« dieser Ausstellungskonzeption soll aber auch im wörtlichen Sinn »mitmachen«: So montierte beispielsweise Enno Neumann in der Ausstellung »Vom Trümmerfeld ins Wirtschaftswunderland. Ein Stück Nachkriegsgeschichte. Bochum 1945–1955.« (Bochum 1986/87) einen großen, bunten Union Jack auf ein kleines schwarzweißes Foto mit der Abbildung des Bochumer Rathauses, *»(...) in der Erwartung, irgendein Besucher würde ihn herunterreißen.«*[177] Dies ist allerdings genausowenig passiert, als daß jemand erkannt hätte, daß die Fahne der BRD, die in der Mitte eines Ausstellungsraumes aufgehängt war, Gold-Rot-Schwarz anstatt Schwarz-Rot-Gold gefärbt war.[178] Dies macht deutlich, daß der »ideale Betrachter« auch für die Besucher und Besucherinnen eine Norm darstellt, die sich in einem »ritualisierten Verhalten« an Kulturorten zeigt.[179] Dieses Verhalten, das sich meist mit höherer formaler Schulbildung und hohem Respekt vor »Kultur« verbindet, äußert sich beispielsweise im langsamen Gehen, im kurzen Verweilen vor einem Großteil der Objekte, im Flüstern und im Vermeiden von Fragen.[180] Ausstellungen entsprechen in ihrer Ausstattung, Architektur, Ordnung und Inszenierung häufig diesem Ritual und fordern es heraus: Die Gegenstände darf man gewöhnlich nicht berühren, es herrscht feierliche Stille in einer oft monumentalen Architektur, und Hilfestellungen in Form von Informationen und Hinweisen fehlen in den meisten Fällen.[181]

Die Vertreter und Vertreterinnen dieser Ausstellungskonzeption erheben den

Anspruch, dem entgegenzutreten. Sie setzten Destruktion, Ironie, Provokation und Information an die Stelle von feierlicher Stille, Monumentalität und Pathos. Mit dem Benjaminschen »choque« möchte man Kontemplation durch eine »*gesteigerte Geistesgegenwart*«[182] verhindern und die Neugierde, die Aufmerksamkeit und das Interesse der Besuchenden steigern. Er soll, provoziert von Montagen, Collagen, unerwarteten Informationen oder Überraschungen, jene Haltung gegenüber »authentischen« historischen Gegenständen verhindern, die Jauß als »Sakralisierung ihrer Authentizität« beschrieben hat.[183] Doch der Vorführungsmodus ändert nicht »automatisch« auch den Verhaltens- und Betrachtensmodus in Ausstellungen. Auch wenn die Vorführungen – in Ausstellungen, aber auch in anderen Medien – expressiv, vielfältig und provokant sind, bewegen wir uns dennoch ihnen gegenüber in einer vom Rahmen Ausstellung provozierten Haltung, in einer »*Gebärde der Besichtigung*«.[184]

Um diese zu durchbrechen, erhebt Jürgen Franzke die Forderung, daß der destruierende Effekt des »choques« auch das Verhalten der Besucher und Besucherinnen im Museum betreffen soll. Diese sollen angeregt werden, sich selbst zu »betätigen«. Diese Ausstellungskonzeption wäre somit noch um den »*Werkstattgedanken*« zu erweitern.[185] Ein solches »Aus-der-Rolle-Treten« kann durch museumspädagogische Aktionen in Ausstellungen angeregt werden, aber auch durch eine Ausstellungspräsentation, die selbst schon die Besucher und Besucherinnen auffordert, mitzugestalten.

Ein Beispiel für letzteres ist ein Ausstellungskonzept, das Julia Endrödi und Anne Krefting für das »Museum Altenessen für Archäologie und Geschichte« entwickelt haben.[186] Ausgangspunkt der Gestaltung sind auch hier Gruppen von historischen Objekten, die »Inseln, als Überreste vergangener Wirklichkeiten in unserer Gegenwart« bilden.[187] Eine »*objektbezogene Assoziationscollage*« um diese »Inseln« herum thematisiert die unterschiedlichen Formen der Rezeption und Produktion von »Geschichte«. Die Verbindung zwischen beiden Bereichen bildet eine »Dokumentation« der Fundzusammenhänge der ausgestellten oder von vergleichbaren Objekten.[188] Die Besuchenden können versuchen die dadurch entstehenden Fragen in der Ausstellung – in Experimentierfeldern – selbst zu bearbeiten. Zeitschriften, Bücher und Informationsbögen zum Durchblättern und Lesen stehen ebenso bereit wie Videos zum Anschauen von Filmausschnitten. Ein Forschungstisch, alte Gebrauchsgegenstände und Geräte (Nachbildungen) können ausprobiert werden. Mit manchen Materialien, beispielsweise Ton, kann praktisch gearbeitet werden. Dies alles spielt sich jedoch nicht in einem von der Ausstellung gänzlich abgetrennten Bereich ab, sondern ist, wie auch die in den Museumsaktionen entstandenen Arbeiten, Teil der Ausstellung.[189] Durch diese Mitgestaltung der Besucher und die unterschiedliche Schwerpunktsetzung in den einzelnen Abschnitten wirkt die Austellung nie fertig und abgeschlossen. Die Gestalter und Gestalterinnen selbst sehen sie als eine »*Produktionsstätte für Zeichen der Auseinandersetzung mit der Vergangenheit*«.[190]

Den Besuchern und Besucherinnen wird in dieser Ausstellungskonzeption viel abverlangt. Denn für diese kollidieren beim Besuch solcher Ausstellungen zwei unterschiedliche Vorstellungen vom »idealen Betrachter«: jene der Ausstellungskonzeption, durch deren Montagen sie aufgefordert werden, selbst zu »rahmen«, nach anderen als den präsentierten, nach persönlichen Rahmungen zu suchen, mit der, die generell für den »Rahmen Ausstellung« gilt, die für das Verhalten der Besucher und Besucherinnen eine Norm darstellt und sich in einem ritualisierten Verhalten an Kulturorten zeigt. Dennoch trauen die Vertreter und Vertreterinnen dieser Ausstellungskonzeption dem Publikum eine solche Rahmungs- oder Fahndungsarbeit überhaupt einmal zu.[191] Sie stellt sich damit in Opposition zu anderen Ausstellungen, die, indem sie die unterschiedlichen Objekte durchgängig als Trophäen, Reliquien oder Belege »rahmen«, »*überraschende Querschläge der Aufmerksamkeit*«[192] eher verhindern als befördern.

ZUSAMMENSCHAU

Wie soll in Ausstellungen nun inszeniert werden? Eine einzige für sämtliche historische Ausstellungen gültige Antwort gibt es nicht. Ausstellungstheorien können keine direkt umsetzbaren »Rezepte«, sondern nur grundsätzliche Überlegungen anbieten. In deren Rahmen muß jedoch, in Verbindung mit einer zu forcierenden Rezeptionsforschung, weiter experimentiert werden.

Die Stärken dieser Ausstellungskonzeption liegen zum einen darin, daß sie das Feld der (Groß-)Ausstellungen, das gegenwärtig von seiten des Publikums eine starke Zuwendung erfährt, nicht einfach als »*glänzende Fassade*«[193] des Kulturbetriebs pauschal aburteilt und damit dieses Feld nicht der »*Gegenaufklärung*«[194] überläßt, die im Ästhetischen, Historischen und Moralischen all die ungelösten Probleme unserer Gegenwart zu kompensieren versucht; sondern daß sie dafür plädiert, es neu zu besetzen und Aufklärung und Sinnlichkeit, Verstehen und Genießen, Erkenntnis und Unterhaltung nicht länger als Widersprüche zu verstehen, sondern als etwas, das in der ästhetischen Erfahrung zusammenfließen kann.[195]

Eine weitere Stärke dieser Ausstellungskonzeption liegt darin, daß sie die »inszenierte Rahmung« – die Ästhetik einer Ausstellung – zu ihrem Angelpunkt macht, die »Revolution« aber dennoch nicht allein ins Ästhetische verlagert.[196] Die Auseinandersetzung mit der Ästhetik der Inszenierung schließt sich in ihr mit einer Reflexion über Leben und Wirklichkeit, Gesellschaft und Geschichte zusammen. Das ästhetische Prinzip der Montage, für das diese Ausstellungskonzeption plädiert, wird gegenwärtig in der Warenproduktion, im Produktdesign und in der Werbung funktionalisiert. Als ästhetisches Prinzip allein kann es somit kaum gegenkulturell eingesetzt werden.[197] Das Plädoyer für das ästhetische Prinzip der Montage wird deshalb in dieser Ausstellungskonzeption mit der Forderung nach Rückgewinnung einer historischen Erfahrung in den ästhetischen Medien verbunden. Ihre Vertreter und Vertreterinnen beharren auf der »*subversiven Erinnerungsutopie*«[198] einer individuell wie kollektiv verdrängten Geschichte. Mit diesen Forderungen stellt sie sich postmodernistischen Inszenierungen entgegen, in denen die historischen und gesellschaftlichen Referenten des Präsentierten zunehmend abhanden kommen und ideologisch funktionalisierte Mythen vermittelt werden.[199]

Indem in dieser Ausstellungstheorie ein von »authentischen« Objekten garantierter »unmittelbarer« und »direkter« Kontakt mit der »historischen Wirklichkeit« beschworen wird, überfordert sie die musealisierten Objekte und »sakralisiert« selbst deren Alter, »Authentizität« und »Echtheit« – eine Sakralisierung, der sie prinzipiell aber entgehen möchte. In diesem Punkt fügt sich diese Ausstellungstheorie herkömmlichen Museums- und Ausstellungskonzeptionen ein, zu denen sie grundsätzlich in Opposition treten will.

Ausstellungstheorien suggerieren meist, daß Geschichtspräsentationen quasi auf dem Reißbrett konzipiert und dann auf diese Weise realisiert werden können, wie auch, daß dabei »aus dem Vollen geschöpft« werden kann. Das Gegenteil ist jedoch der Fall: Eine Ausstellung stellt immer einen Kompromiß dar, und zwar auf den unterschiedlichsten Ebenen. Er basiert einerseits auf der Ebene des Verfügbaren. Nicht immer erhalten die Ausstellungsgestaltenden die Stücke, die projektiert waren. Nicht jeder borgt jedem, sondern die »Leihgabenpolitik« ist stark mit einem »Prestigetausch« zwischen leihenden und entlehnenden Institutionen verbunden.[200]

Eine Ausstellung ist aber auch deshalb immer ein Kompromiß, weil man nicht immer alles findet und manches nicht bewegen oder transportieren kann. Aber auch, weil Rücksicht auf den Ort genommen werden muß, an dem eine Ausstellung stattfindet. Denn nicht alles kann überall ausgestellt werden – einzelne Stücke können entweder zu schwer oder zu groß sein, und Temperaturen oder Lichtverhältnisse können nicht überall im erforderlichen Ausmaß geregelt werden.[201] Eine Ausstellung ist zudem nie endgültig. Sie repräsentiert immer einen bestimmten Wissens-, Informations- und Arbeitsstand und ist somit nie definitiv, sondern tritt in einen Diskurs über ein bestimmtes Thema ein.[202]

Ausstellungen haben aber auch deshalb Kompromißcharakter, weil nicht jede oder jeder eine Ausstellung »machen« kann. »Große Namen« – »Stars« der Wissenschaft, Architektur und Kunst – entscheiden bei den sponsernden oder subventionierenden Gruppen über die Finanzierungswürdigkeit eines Ausstellungsprojektes, da sie Medien- und damit Öffentlichkeitspräsenz garantieren.[203] Es kann aber auch nicht jedes Ausstellungsprojekt durchgeführt werden: denn die Wahl von Ereignissen, Epochen, Gruppen oder Personen, deren man sich mittels Ausstellungen zu erinnern beschließt, unterliegt ebensowenig wie die Festlegung des Ausstellungstermines und die Wahl des Ausstellungsortes einem »Zwang der Geschichte«. Nicht ein solcher, sondern »*Interessen der Gegenwart*«[204] liegen Ausstellungsprojekten zugrunde. Welches Ereignis der Vergangenheit zum Anlaß eines Ausstellungsprojektes gewählt wird, wann und an welchem Ort dies passiert, ist somit immer Ausdruck einer Wertung von Zeitgenossen und Zeitgenossinnen und von ihren Interessen und Einstellungen in der Gegenwart und Ansprüchen an die Zukunft her bestimmt. Der Wunsch nach Selbstdarstellung bestimmter Institutionen, Parteien, Gruppen oder Vereine in der Sphäre der Öffentlichkeit, tourismuspolitische, aber auch sozial-, außen- und innenpolitische oder kirchenpolitische Überlegungen sowie die wirtschaftliche Relevanz von Ausstellungen können zur Subventionierung oder zum Sponsoring eines Ausstellungsprojekts führen.

Ausstellungen könnten – wie Yves Michaud fordert – selbst sichtbar machen, daß sie Kompromisse auf diesen verschiedenen Ebenen darstellen. Brüche, Leerstellen und Fehlendes könnten ausgewiesen werden, anstatt definitiv scheinen zu wollen und so zu tun, als ob alles machbar, überschaubar und faßbar sei.[205]

ANMERKUNGEN

Kapitel 1

1) Friedrich Kluge, Etymologisches Wörterbuch der deutschen Sprache, Berlin, New York 1989, S. 717.

2) Ulrich Paatsch, Konzept Inszenierung. Inszenierte Ausstellungen – ein neuer Zugang für Bildung im Museum? Ein Leitfaden, Arbeitsgruppe für empirische Bildungsforschung (Hg.), Heidelberg 1990, S. 9. (Im folg. zitiert: Paatsch, Konzept Inszenierung.)

3) Viktoria Schmidt-Linsenhof, Historische Dokumentation – zehn Jahre danach. In: Die Zukunft beginnt in der Vergangenheit. Museumsgeschichte und Geschichtsmuseum, hg. vom Histor. Museum Frankfurt, Gießen 1982, S. 330–347, S. 332. (Im folg. zitiert: Schmidt-Linsenhof, Historische Dokumentation.)

4) Yves Michaud, Voir et ne pas savoir, in: Y. Michaud u. a. (Hg.), Les Cahiers du Musée national d'art moderne, Nr. 29, Paris automne 1989, S. 17–33, S. 18f. (Im folg. zitiert: Michaud, Voir et ne pas savoir.)

5) Yves Michaud, Voir et ne pas savoir, S. 18f.

6) Diese Bedeutung von »Ausstellen« findet sich bei: Jakob und Wilhelm Grimm, Deutsches Wörterbuch. Nachdruck, Bd. 1, München 1984, S. 987.

7) Walter Benjamin, Jahrmarkt des Essens. In: Ders., Ges. Schriften, Bd. 4/1, Frankfurt/Main, 1972, S. 527–532, S. 528. (Im folg. zitiert: Benjamin, Jahrmarkt des Essens.)

8) Inszenierung an Museen und ihre Wirkung auf Besucher, H.-J. Klein und B. Wüsthoff-Schäfer (Hg.), Berlin 1990, S. 10. (Im folg. zitiert: Klein, Wüsthoff-Schäfer, Inszenierung an Museen.)

9) Severin Heinisch, Objekt und Struktur – Über die Ausstellung als einen Ort der Sprache. In: J. Rüsen u. a. (Hg.), Geschichte sehen. Beiträge zur Ästhetik historischer Museen, Pfaffenweiler 1988, S. 82–87. S. 82f. (Im folg. zitiert: Heinisch, Objekt und Struktur.)

10) Horst Rumpf, Über Spielarten der Aufmerksamkeit gegenüber unbekannten Gegenständen, in: J. Breithaupt, P. Joerißen (Hg.), Kommunikation im Museum. Dokumentation im Anschluß an die Jahrestagung der Arbeitsgemeinschaft der deutsch-sprechenden Mitglieder der CECA im ICOM, München 1987, S. 15–26, S. 22. (Im folg. zitiert: Rumpf, Spielarten der Aufmerksamkeit.)

11) Elke Schmidtpeter, Am Rande des Objekts, Unveröffentl. Manuskript eines Referates, gehalten auf der Tagung »Inszenierungen«, Hamburg, Dez. 1991, S. 2. (Im folg. zitiert: Schmidtpeter, Am Rande des Objekts.)

12) Schmidtpeter, Am Rande des Objekts, S. 4.

13) ebd., S. 2.

14) Heinisch, Objekt und Struktur, S. 82.

15) Rumpf, Spielarten der Aufmerksamkeit, S. 21f.

16) Gottfried Fliedl, Museums- und Ausstellungspolitik: Verdinglichtes Erbe, in: Vorgänge. Zeitschrift für Bürgerrechte und Gesellschaftspolitik, Nr. 84, Weinheim 1986/6, S. 66–78, S. 71f. (Im folg. zitiert: Fliedl, Verdinglichtes Erbe.)

17) Michael Fehr, Müllhalde oder Museum? In: M. Fehr, St. Grohé (Hg.), Geschichte. Bild. Museum: Zur Darstellung von Geschichte im Museum, Köln 1989, S. 182–196, S. 190f. (Im folg. zitiert: Fehr, Müllhalde oder Museum.)

18) Heiner Treinen, Ansätze zu einer Soziologie des Museumswesens. In: G. Albrecht (Hg.), Festschrift für René König, Köln 1973, S. 336–353, S. 336f. (Im folg. zitiert: Treinen, Soziologie des Museumswesens.)

19) Michael Fehr, Die »Authentizität der Fotografie«. Kommentar zu einem stapazierten Begriff, in: M. Fehr (Hg.), Imitationen. Das Museum als Ort des Als-Ob, Köln 1990, S. 66–77, S. 76. (Im folg. zitiert: Fehr, Authentizität der Fotografie.)

20) Schmidtpeter, Am Rande des Objekts, S. 3.

21) ebd., S. 4.

22) Heinisch, Objekt und Struktur, S. 82.

23) Wolfgang Ernst, Entstellung der Historie? – Museale Spuren(t)sicherung zwischen déjà vu und Wahrnehmungsschock, in: J. Rüsen u. a. (Hg.), Geschichte sehen. Beiträge zur Ästhetik historischer Museen, Pfaffenweiler 1988, S. 21–34, S. 26. (Im folg. zitiert: Ernst, Entstellung der Historie.)

24) Detlev Hoffmann, »Laßt Objekte sprechen!« Bemerkungen zu einem verhängnisvollen Irrtum. In: E. Spickernagel, B. Walbe (Hg.), Das Museum. Lernort contra Musentempel, Gießen 1979, S. 101–120, S. 106. (Im folg. zitiert: Hoffmann, Laßt Objekte sprechen.)

25) J. Dubois u. a. (Hg.), Allgemeine Rhetorik, München 1974, S. 260. (Im folg. zitiert: Dubois, Allgemeine Rhetorik.)

26) Dubois, Allgemeine Rhetorik, S. 30.

27) ebd., S. 33f.

28) Marshall McLuhan, Die magischen Kanäle. Understanding Media, Düsseldorf, Wien 1968; S. 13f. (Im folg. zitiert: McLuhan, magische Kanäle.)

29) McLuhan, magische Kanäle, S. 139f.

30) Diese Medien dominierten beispielsweise die Pariser Ausstellung »Les Immateriaux« (Centre Culturel Georges Pompidou, Paris 1985); vgl. Immaterialität und Postmoderne, J. F. Lyotard u. a. (Hg.), Berlin 1985.

31) Enno Neumann, Vom Trümmerfeld ins Wirtschaftswunderland. In: J. Rüsen u. a. (Hg.), Geschichte sehen. Beiträge zur Ästhetik historischer Museen, Pfaffenweiler 1988, S. 145–156, S. 152f. (Im folg. zitiert: Neumann, Trümmerfeld.)

32) ebd., S. 152f.

33) Gottfried Fliedl, Ausstellen. In: F. Kneissl, O. Kapfinger (Hg.), Dichte Packung. Architektur aus Wien, Salzburg 1989, S. 193–215, S. 199f. (Im folg. zitiert: Fliedl, Ausstellen.) S. 199f.

34) Günther Fischer, Architektur und Kommunikation. In: Abschied von der Postmoderne. Beiträge zur Überwindung der Orientierungskrise, G. Fischer u. a. (Hg.), Braunschweig, Wiesbaden 1987, S. 25–51, S. 32. (Im folg. zitiert: Fischer, Architektur u. Kommunikation.)

Kapitel 2

1) Gottfried Korff, Bildung durch Bilder? Zu einigen historischen Ausstellungen, in: HZ (= Historische Zeitschrift), Bd. 244, München 1987, S. 93–113, S. 94. (Im folg. zitiert: Korff, Bildung durch Bilder); vgl. Gottfried Fliedl, Ausstellen, S. 209.

2) Paatsch, Konzept Inszenierung, S. 8.

3) So formuliert beispielsweise Enno Neumann: »Die »(Horror) – Picture – Shows«, die Geschichte einfach nur nacherzählen wie in Büchern bzw. bei denen in Rathauskrypten Archivalien und Fotos narrativ an genormten Stellwänden präsentiert werden, sollten eigentlich Legende sein.« In seiner Ausstellungsinszenierung »Vom Trümmerfeld ins Wirtschaftswunderland. Ein Stück Nachkriegsgeschichte. Bochum 1945–1955« (Bochum 1986/87) bezog er explizit Elemente der Syberbergschen Filmästhetik und der Theaterinszenierungen Taboris ein. Vgl.: Neumann, Trümmerfeld, S. 145.

4) Korff, Bildung durch Bilder, S. 107.

5) Sigrid Godau, Inszenierung oder Rekonstruktion? Zur Darstellung von Geschichte im Museum. In: Geschichte. Bild. Museum: Zur Darstellung von Geschichte im Museum, M. Fehr, St. Grohé (Hg.), Köln 1989, S. 199–211, S. 200f. (Im folg. zitiert: Godau, Inszenierung oder Rekonstruktion.)

6) Heinisch, Objekt und Struktur, S. 82f.

7) Beispielsweise von: Paatsch, Konzept Inszenierung, S. 9f, vgl. Klein, Wüsthoff-Schäfer, Inszenierung an Museen, S. 7f. u. Neumann, Trümmerfeld, S. 147.

8) Klein, Wüsthoff-Schäfer, Inszenierung an Museen, S. 7f.

9) ebd., S. 8.

10) ebd., S. 9.

11) Schmidt-Linsenhof, Historische Dokumentation, S. 332f.

12) ebd., S. 337.

13) ebd., S. 337f.

14) ebd., S. 333.

15) ebd., S. 340.

16) ebd.. S. 332.

17) G. Korff (Hg.), Preußen. Versuch einer Bilanz, (Ausstellungskatalog), Reinbeck bei Hamburg, 1981, Bd. 1.

18) Gottfried Korff, Objekt und Information im Widerstreit. In: Museumskunde 49, Berlin 1984, S. 83–93, S. 86f. (Im folg. zitiert: Korff, Objekt und Information.)

19) ebd. S. 89.

20) Korff, Bildung durch Bilder, S. 96f.

21) Fliedl, Ausstellen, S. 209.

22) Einige der von ihm durchgeführten Ausstellungsprojekte sind beschrieben in: Harald Szeemann, Museum der Obsessionen, Berlin 1981 (im folg. zitiert: Szeemann, Museum der Obsessionen) sowie: Ders., Individuelle Mythologien, Berlin 1985. (.Im folg. zitiert: Szeemann, Individuelle Mythologien.)

23) D. Kamper, F. Knödler-Bunte, M.-L. Plessen, Ch. Wulf, Tendenzen der Kulturgesellschaft. Eine Diskussion, in: E. Knödler-Bunte u. a. (Hg.), Ästhetik und Kommunikation. Kulturgesellschaft, Inszenierte Ereignisse, 18. Jg., Heft 67/68, Berlin 1987, S. 55–73, S. 63f. (im folg. zitiert: Kamper, Knödler-Bunte, Plessen, Wulf, Kulturgesellschaft); vgl. Godau, Inszenierung oder Rekonstruktion, S. 201f.

24) J. Clair, H. Szeemann (Hg.), Le macchine celibi, (Ausstellungskatalog), Venezia-Martellago 1975.

25) Hans Hoffer, Besuchertheater, in: Paul Kruntorad (Hg.), A.E.I.O.U. Mythos Gegenwart. Der österreichische Beitrag. Katalogbuch zur Ausstellung, Wien 1986, S. 37–40. (Im folg. zitiert: Hoffer, Besuchertheater.)

26) So beispielsweise die Dinosaurierausstellung »Dinamation« die – mit sich bewegenden, lärmenden, computergesteuerten Saurierattrappen und Polyestergras bestückt – von einem südkalifornischen Unternehmen seit 1981 als Wanderausstellung durch Museen geschickt wird und überall auf ein begeistertes Publikum trifft. Vgl. Roland Bettschart, Sauromania. In: Profil, Nr. 45, 4. Nov. 1991, S. 92–96.

27) Godau, Inszenierung oder Rekonstruktion, S. 203.

28) Das Museum der industriellen Arbeitswelt in Steyr betont beispielsweise den »Konstruktionscharakter« solcher Szenarien um einer »einfühlenden« Rezeptionshaltung entgegenzuwirken; vgl. Heinisch, Objekt und Struktur, S. 86.

29) Kai-Uwe Hemken, El Lissitzky. Revolution und Avantgarde, Köln 1990, S. 114f.

30) Hartmut Bookmann, Zwischen Lehrbuch und Panoptikum: Polemische Bemerkungen zu historischen Museen und Ausstellungen. In: H. Berding u. a. (Hg.), Geschichte und Gesellschaft. Zeitschrift für historische Sozialwissenschaften, 11. Jg., Göttingen 1985, S. 67–79, S. 67.

31) Die Zahlen wurden den Arbeitsberichten 1975–1989 des Bundesministeriums für Wissenschaft und Forschung entnommen. Vgl. Arbeitsberichte des Bundesministeriums für Wissenschaft und Forschung 1975–1989, Wien 1975ff.

32) Diese Zahlen stammen ebenfalls aus den Arbeitsberichten 1975–1989 des Bundesministeriums für Wissenschaft und Forschung.

33) Gottfried Fliedl, Ausstellungen als populistisches Massenmedium. In: E. Knödler-Bunte u. a.

(Hg.), Ästhetik und Kommunikation. Kulturgesellschaft. Inszenierte Ereignisse, 18. Jg., Heft 67/68, Berlin 1987, S. 47–53, S. 49. (Im folg. zitiert: Fliedl, Ausstellungen als Massenmedium.)

34) dazu vgl., Gerhard Majce, Großausstellungen. Ihre kulturpolitische Funktion – ihr Publikum. In: G. Fliedl (Hg.), Museum als soziales Gedächtnis? Kritische Beiträge zu Museumswissenschaft und Museumspädagogik, Klagenfurt 1988, S. 63–79. (Im folg. zitiert: Majce, Großausstellungen.)

35) Beispielsweise von: Majce, Großausstellungen; vgl. Fliedl, Ausstellen, vgl. Heiner Treinen, Was sucht der Besucher im Museum? In: G. Fliedl (Hg.), Museum als soziales Gedächnis? Kritische Beiträge zu Museumswissenschaften und Museumspädagogik, Klagenfurt 1988, S. 24–41. (Im folg. zitiert: Treinen, Was sucht der Besucher im Museum); vgl. Besucher im Technischen Museum: B. Graf, H. Treinen (Hg.), Zum Besucherverhalten im Dt. Museum München, Berlin 1983. (Im folg. zitiert: Graf, Treinen, Besucher im Technischen Museum.)

36) Gottfried Korff, Die Popularisierung des Musealen. In: G. Fliedl (Hg.), Museum als soziales Gedächtnis? Kritische Beiträge zu Museumswissenschaft und Museumspädagogik, Klagenfurt 1988, S. 9–23 (im folg. zitiert: Korff, Popularisierung des Musealen); vgl. Hans Robert Jauß, Das kritische Potential ästhetischer Bildung. In: J. Rüsen, E. Lämmert, P. Glotz (Hg.), Die Zukunft der Aufklärung, Frankfurt/Main 1988, S. 221–232. (Im folg. zitiert: Jauß, kritisches Potential ästhetischer Bildung.)

37) Siegfried Mattl, Alfred Pfoser, Identitätsbildung durch historische Großausstellungen. In: G. Anzengruber u. a. (Hg.), Ab ins Museum! Materialien zur Museumspädagogik (= Schulheft 58), Wien 1990, S. 169–190, S. 172 (im folg. zitiert: Mattl, Pfoser, histor. Großausstellungen); Gottfried Korff spricht von einer »Ausstellungswelle«, die mit dem Ende der siebziger Jahre einsetzte; vgl., Korff, Bildung durch Bilder, S. 97.

38) siehe Fußnote 31.

39) Gottfried Korff, Martin Roth, Einleitung. In: G. Korff, M. Roth (Hg.), Das historische Museum. Labor, Schaubühne, Identitätsfabrik, Frankfurt/Main, New York 1990, S. 9–37, S. 12. (Im folg. zitiert: Korff, Roth, Einleitung.)

40) Manfred Schneckenburger, Documenta. Idee und Institution. Tendenzen. Konzepte. Materialien, München 1983, S. 10f. u. Ausstellungskatalog 4. documenta. Kassel '68, Bd. 1, Kassel 1968, S. 20f.

41) Kurt Winkler, II. documenta '59 – Kunst nach 1945. In: Berlinische Galerie (Hg.), Stationen der Moderne. Die bedeutenden Kunstausstellungen des 20. Jahrhunderts in Deutschland, Berlin 1988, S. 427–434, S. 429.

42) Stephan Waetzold, Motive, Ziele, Zwänge – die Ausgangslage. In: Inst. f. Museumskunde, Berlin, staatl. Museen preußischer Kulturbesitz (Hg.), Ausstellungen – Mittel der Politik? Ein Symposion. Berlin 1981. S. 15–23, S. 15. (Im folg. zitiert: Waetzold, Motive, Ziele, Zwänge.)

43) Waetzold, Motive, Ziele, Zwänge, S. 20.

44) Mattl, Pfoser, histor. Großausstellungen, S. 190.

45) Ekkehard Mai, Expositionen. Geschichte und Kritik des Ausstellungswesens, München, Berlin 1986, S. 76. (Im folg. zitiert: Mai, Expositionen.)

46) Fliedl, Ausstellungen als Massenmedium, S. 49.

47) Kamper, Kulturgesellschaft, S. 71.

48) ebd.

49) Mai, Expositionen, S. 72f.

50) ebd., S. 75f.

51) ebd., S. 63.

52) ebd., S. 76.

53) Mattl, Pfoser, histor. Großausstellungen, S. 188.

54) Günther Metken, Spurensicherung. Kunst als Anthropologie und Selbsterforschung. Fiktive Wissenschaften in der heutigen Kunst, Köln 1977. (Im folg. zitiert: Metken, Spurensicherung.)

Weitere Beispiele aus der französischen Kunstlandschaft finden sich in: Städtische Kunsthalle Düsseldorf (Hg.), Ausstellungskatalog Geschichte als Widerstand. Aspekte zeitgenössischer Kunst in Frankreich, Düsseldorf 1986.

55) vgl. Michael Schwarz, Felix Droese. Ich habe Anne Frank umgebracht. Ein Aufstand der Zeichen. Frankfurt/Main 1988.

56) So beispielsweise in seiner Rauminstallation »EXIT. Materialien zum Dachau-Projekt«, Paris 1975, vgl. Metken, Spurensicherung, S. 123f.

57) Detlef Hoffmann, Künstler und Wissenschaftler als Produzenten kulturhistorischer Ausstellungen? In: J. Rüsen u. a. (Hg.), Geschichte sehen, Pfaffenweiler 1988, S. 137–144, S. 140f. (Im folg. zitiert: Hoffmann, Künstler u. Wissenschaftler.) Über den Beuys-Block in Darmstadt, dessen Charakter Museumsdepots und Kunst- und Wunderkammern sehr nahe kommt, siehe: Jan Peter Thorbecke, Das Ganze ist das Fremde. In: H.-H. Groppe, F. Jürgensen (Hg.), Gegenstände der Fremdheit. Museale Grenzgänge, Marburg 1989, S. 149–152.

58) So beispielsweise Harald Szeemann, vgl. Szeemann, Museum der Obsessionen, S. 23.

59) Beispielsweise von der aus dem Umkreis der französischen Foucault-Rezeption stammenden Historikerin Arlette Farge. Vgl. Arlette Farge, Das brüchige Leben. Verführung und Aufruhr im Paris des 18. Jahrhunderts, Berlin 1989.

60) Hoffmann, Künstler u. Wissenschaftler, S. 139f.

61) Ausstellungskatalog Mario Terzic. Historissimus. Fünf Feste zum hundertjährigen Jubiläum des Historischen Museums Frankfurt, Hist. Museum Frankfurt/Main, Frankfurt/Main 1978, S. 3.

62) »Le Musée sentimentale de Cologne« (Kölnischer Kunstverein 1979), »le Musée sentimentale de Prusse (Berlin 1981) und »le Musée sentimentale de Bâle« (Museum für Gestaltung in Basel 1989/90) waren die drei realisierten Ausstellungen. Eine differenzierte Analyse des Konzeptes der »Musées sentimentales« findet sich bei: Michael Fehr, Aufklärung oder Verklärung. In: J. Rüsen u. a. (Hg.), Geschichte sehen. Beiträge zur Ästhetik historischer Museen, Pfaffenweiler 1988, S. 110–123, S. 117f. (Im folg. zitiert: Fehr, Aufklärung oder Verklärung.)

63) Ausstellungskatalog: Das Hypnodrom oder der Kampf zwischen Liebe und Traum im bizarren Bazar. Ein Labyrinth, Wiener Festwochen, Wien 1987.

64) Ausstellungskatalog: Auf Bewährung. Ein Museum auf dem Prüfstand zeitgenössischer Kunst, Universität Lüneburg, Lüneburg 1991, S. 6 u. S. 70f. (Im folg. zitiert: Auf Bewährung.)

65) vgl. Katalog der Ausstellung: Die Bonnerinnen – Szenarien aus Geschichte und zeitgenössischer Kunst, Verein: frauen formen ihre stadt e. v., Bonn 1989.

66) vgl. M. Fehr, A. Kuhn (Hg.), Marianne Pitzens Schneckenhaus. Matriarchale Gesellschafts- und Museumsentwürfe, Köln 1990.

67) Heinisch, Objekt und Struktur, S. 84.

68) Hoffmann, Künstler u. Wissenschaftler, S. 138f.

69) ebd., S. 141f.

70) Beispiele dafür sind die Diskussionen in den beiden Bänden: E. Spickernagel, B. Walbe (Hg.), Das Museum. Lernort contra Musentempel, Gießen 1979 und: D. Hoffmann u. a. (Hg.), Geschichte als öffentliches Ärgernis. Oder: ein Museum für die demokratische Gesellschaft, Gießen 1974.

71) beispielsweise: Korff, Roth, Einleitung, S. 29.

72) Treinen und Graf stützen ihre These durch empirische Untersuchungen, die sie 1980 in der Schausammlung des Deutschen Museums in München durchgeführt haben. vgl. Graf, Treinen, Besucher im Technischen Museum, S. 129f.

73) Szeemann, Museum der Obsessionen, S. 27.

74) Ausstellungskatalog Traum und Wirklichkeit. Wien 1870–1930, Hist. Museum der Stadt Wien, Wien 1985, S. 36.

75) Neumann, Trümmerfeld, S. 147.

76) Der Architekt und Architekturtheoretiker Paolo Porthogesi vertritt beispielsweise diese

Meinung, siehe: Burghart Schmidt, Postmoderne – Strategien des Vergessens. Ein kritischer Bericht, Darmstadt und Neuwied 1986, S. 104. (Im folg. zitiert: Schmidt, Postmoderne.)

77) Fliedl, Ausstellen, S. 207.
78) Burghart Schmidt, Über das Ausstellen von Kunst in Postmoderner Atmosphäre. In: G. Fliedl (Hg.), Museum als soziales Gedächtnis? Kritische Beiträge zu Museumswissenschaft und Museumspädagogik, Klagenfurt 1988, S. 56–62, S. 59f. (Im folg. zitiert: Schmidt, Über das Ausstellen.)
79) Andreas Huyssen, Postmoderne – eine amerikanische Internationale? In: A. Huyssen, K. R. Scherpe (Hg.), Postmoderne. Zeichen eines kulturellen Wandels. Reinbeck bei Hamburg 1986, S. 13–44, S. 32. (Im folg. zitiert: Huyssen, Postmoderne.)

Kapitel 3

1) Interview mit Per Kirkeby, in: Kunstforum International, Bd. 25, Köln 1978, S. 110–116, S. 112.
2) Kamper, Kulturgesellschaft, S. 70.
3) Umberto Eco, Kultur als Spektakel, in: Ders., Über Gott und die Welt. Essays und Glossen, München, Wien 1985, S. 179–185, S. 184. (Im folg. zitiert: Eco, Kultur als Spetakel.)
4) Interview mit Peter Gorsen, in: Christian Reder, Wiener Museumsgespräche. Über den Umgang mit Kunst und Museen, Wien 1988, S. 189–217, S. 190. (Im folg. zitiert: Gorsen, Museumsgespräche.)
5) Knödler-Bunte, Kulturgesellschaft, S. 71.
6) Eva Sturm, Konservierte Welt. Museum und Musealisierung, Berlin 1991, S. 13. (Im folg. zitiert: Sturm, Musealisierung.)
7) Sturm, Musealisierung, S. 15f.
8) Siehe auch: W. Zacharias (Hg.), Zeitphänomen Musealisierung. Das Verschwinden der Gegenwart und die Konstruktion der Erinnerung, Essen 1990.
9) Heinisch, Objekt und Struktur, 1988, S. 82.
10) Schmidt, Postmoderne, S. 91f.
11) Heinisch, Objekt und Struktur, S. 82.
12) Julia Enrödi, Die Zeichen von Geschichte – Zur Konzeptionierung einer Ausstellung im Museum Altenessen für Archäologie und Geschichte, in: J. Rüsen u. a. (Hg.), Geschichte sehen. Beiträge zur Ästhetik historischer Museen, Pfaffenweiler 1988, S. 124–136, S. 124. (Im folg. zitiert: Enrödi, Zeichen von Geschichte.)
13) Sturm, Musealisierung, S. 30.
14) Huyssen, Postmoderne, S. 26. Vgl. Frederic Jameson, Postmoderne – zur Logik der Kultur im Spätkapitalismus, in: A. Huyssen, K. R. Scherpe (Hg.), Postmoderne. Zeichen eines kulturellen Wandels, Reinbeck bei Hamburg 1986, S. 45–102, S. 47f. (Im folg. zitiert: Jameson, Postmoderne.)
15) Huyssen, Postmoderne, S. 30.
16) Jameson, Postmoderne, S. 47f.
17) Ebd., S. 91.
18) Jürgen Habermas, Strukturwandel der Öffentlichkeit. Untersuchungen zu einer Kategorie der bürgerlichen Gesellschaft, Frankfurt/Main 1990 (Im folg. zitiert: Habermas, Strukturwandel.)
19) Richard Sennett, Verfall und Ende des öffentlichen Lebens. Die Tyrannei der Intimität, Frankfurt/Main 1990. (Im folg. zitiert: Sennett, Tyrannei der Intimität.)
20) Habermas bezeichnet Öffentlichkeit als Kategorie, die eng mit der Entwicklungsgeschichte der im europäischen Hochmittelalter entspringenden »bürgerlichen« Gesellschaft verbunden ist. Diese Kategorie »Öffentlichkeit« kann historisch nur bestimmt werden, indem jene soziologischen, ökonomischen, staatsrechtlichen, politologischen, sozial- und ideengeschichtlichen Aspekte berücksichtigt werden, die sie integriert. Siehe: Habermas, Strukturwandel, S. 51.
21) Habermas, Strukturwandel, S. 234f.

22) Ebd., S. 50f.
23) Ebd., S. 243.
24) Ebd., S. 262f.
25) Sennett, Tyrannei der Intimität, S. 19f.
26) Habermas, Strukturwandel, S. 249f.
27) Sennett, Tyrannei der Intimität, S. 31f.
28) »Anschauungen« bezeichnet Sennett als Gefühle und Dispositionen, die mit dem Handeln der Menschen verbunden sind und es konkret beeinflussen. Vgl. ebd., S. 52f.
29) Ebd., S. 31f.
30) Ebd., S. 35f.
31) Ebd., S. 172f.
32) Ebd., S. 204f.
33) Ebd., S. 196f.
34) Ebd., S. 250f.
35) Ebd., S. 40f.
36) Ebd., S. 306.
37) Ebd., S. 43f.
38) Jameson, Postmoderne, S. 79.
39) Schmidt, Postmoderne, S. 106.
40) Jameson, Postmoderne, S. 81f.
41) Habermas, Stukturwandel, S. 326. Vgl. Sennett, Tyrannei der Intimität, S. 358 u. S. 46.
42) Habermas, Strukturwandel, S. 252.
43) Ebd., S. 254.
44) Huyssen, Postmoderne, S. 24f.
45) Jameson, Postmoderne, S. 46f.
46) Habermas, Strukturwandel, S. 253f.
47) Ebd., S. 291.
48) Ebd., S. 290f.
49) Grasskamp, Museumsgründer, S. 97.
50) Habermas, Strukturwandel, S. 103f.
51) Roland Barthes, Die Sprache der Mode, Frankfurt/Main 1985, S. 10.
52) Jameson, Postmoderne, S. 48f.
53) Ebd., S. 93.
54) »Kulturbetrieb« verstehe ich als Sammelbegriff großstädtischer Kulturereignisse verschiedenster Art in den westlichen Industriestaaten.
55) Schmidt, Postmoderne, S. 63.
56) Ebd., S. 63.
57) Huyssen, Postmoderne, S. 20f.
58) Schmidt, Postmoderne, S. 64.
59) Otto Kapfinger, Adolf Krischanitz, Schöne Kollisionen. Versuch über die Semantik in der Architektur von Hans Hollein am Beispiel Mönchengladbach, in: UM BAU, hg. von der Österr. Gesellschaft für Architektur, Nr. 8, Wien 1984, S. 5–16, S. 15. (Im folg. zitiert: Kapfinger, Krischanitz, Schöne Kollisionen.)
60) Kapfinger, Krischanitz, Schöne Kollisionen, S. 15.
61) Ebd., S. 11.
62) Fliedl, Ausstellungen als Massenmedium, S. 47.
63) Kapfinger, Krischanitz, Schöne Kollisionen, S. 5.
64) Umberto Eco, Reise ins Reich der Hyperrealität, in: Ders., Über Gott und die Welt. Essays und Glossen. München, Wien 1985, S. 36–99, S. 47f. (Im folg. zitiert: Eco, Hyperrealität.)
65) Eco, Hyperrealität, S. 49.

66) Godau, Inszenierung oder Rekonstruktion, S. 203.

67) Eco, Hyperrealität, S. 42.

68) Ebd., S. 39f.

69) Ebd., S. 59.

70) Hoffer, Besuchertheater, S. 37.

71) Ebd.

72) Paul Kruntorad (Hg.), A.E.I.O.U. Katalogbuch zur Ausstellung, Wien 1986, S. 15. (Im folg. zitiert: A.E.I.O.U.)

73) A.E.I.O.U., S. 51.

74) Michaud, Voir et ne pas savoir, S. 24f.

75) Sennett weist darauf hin, daß eine Änderung des Vorführungsmodus nicht unbedingt auch zu einer Änderung im Verhalten des Publikums führen muß. So wurden beispielsweise die Vorführungen im Zusammenhang mit den Gegenkulturen Ende des 19. Jahrhunderts und in den sechziger Jahren des 20. Jahrhundert sehr expressiv – die Zuschauenden bewegten sich jedoch weiterhin zurückhaltend, konzentriert beobachtend, aber selbst passiv gegenüber diesen Vorführungen. Die Ausdrucksfreiheit der Kunstschaffenden kompensierte die Selbstkontrolle des Publikums. Vgl. Sennett, Tyrannei der Intimität, S. 237f.

76) Darauf weist Fliedl in Zusammenhang mit der Ausstellung A.E.I.O.U. hin. Siehe: Fliedl, Verdinglichtes Erbe, S. 76.

77) Sennett, Tyrannei der Intimität, S. 189.

78) Karl Marx, Das Kapital. Kritik der politischen Ökonomie, Band 1, S. 85–98, S. 88.

79) Kapfinger, Krischanitz, Schöne Kollisionen, S. 15.

80) Schmidt, Über das Ausstellen, S. 59f.

81) Ebd.

82) Jameson, Postmoderne, S. 46 u. S. 82.

83) R. Venturi, D. S. Brown, St. Izenour (Hg.), Lernen von Las Vegas. Zur Ikonographie und Architektursymbolik der Geschäftsstadt, Braunschweig, Wiesbaden 1979, S. 12. (Im folg. zitiert: Venturi, Lernen von Las Vegas.)

84) Fischer, Architektur u. Kommunikation, S. 41.

85) Charles Jencks, Die Sprache der postmodernen Architektur, in: W. Welsch (Hg.), Wege aus der Moderne. Schlüsseltexte der Postmoderne-Diskussion, Weinheim, 1988, S. 85–94, S. 85. (Im folg. zitiert: Jencks, Sprache postmod. Architektur.)

86) Jencks, Sprache postmod. Architektur, S. 88.

87) Fischer, Architektur u. Kommunikation, S. 43f.

88) Schmidt, Postmoderne, S. 106.

89) Ebd.

90) Ebd., S. 25.

91) Habermas, Strukturwandel, S. 259.

92) McLuhan, magische Kanäle, S. 182 u. S. 68.

93) Ebd., S. 246f.

94) Korff, Popularisierung des Musealen, S. 18.

95) Fischer, Architektur u. Kommunikation, S. 25.

96) Ebd., S. 26.

97) Jameson, Postmoderne, S. 53f.

98) Ebd., S. 50.

99) Venturi, Lernen von Las Vegas, S. 105.

100) Jameson, Postmoderne, S. 60.

101) Ebd., S. 63f.

102) Schmidt, Postmoderne, S. 33.

103) Ebd., S. 34.

104) Jameson, Postmoderne, S. 63.

105) Schmidt, Postmoderne, S. 34.

106) Jameson, Postmoderne, S. 61 u. S. 69f.

107) Ebd., S. 63.

108) Schmidt, Postmoderne, S. 46f.

109) Ebd., S. 34.

110) Knödler-Bunte, Kulturgesellschaft, S. 72f.

111) Jameson, Postmoderne, S. 49.

112) Ich beziehe mich hier auf die Übernahme der Barthesschen Theorie von Burghard Schmidt. Siehe: Schmidt, Postmoderne, S. 113f.

113) Z. B. der koreanische Künstler Nam June Paik mit seinen Video-Skulpturen.

114) Schmidt, Postmoderne, S. 127f.

115) Jencks, Sprache postmod. Architektur, S. 89.

116) Fischer, Architektur u. Kommunikation, S. 41.

117) Jürgen Habermas, Moderne und postmoderne Architektur, in: W. Welsch (Hg.), Wege aus der Moderne. Schlüsseltexte zur Postmoderne-Diskussion, Weinheim 1988, S. 110–120, S. 110f. (Im folg. zitiert: Habermas, mod. u. postmod. Architektur.)

118) Sennett, Tyrannei der Intimität, S. 374f.

119) Fischer, Architektur u. Kommunikation, S. 48f.

120) Grasskamp, Museumsgründer, S. 93f.

121) Habermas, Strukturwandel, S. 299.

122) Ebd., S. 300.

123) Ebd., S. 355f.

124) Ebd., S. 300.

125) Habermas, Strukturwandel, S. 318.

126) Sennett, Tyrannei der Intimität, S. 351f.

127) Gorsen, Museumsgespräche, S. 190.

128) G. Drosdowsky (Hg.), Duden, Deutsches Universalwörterbuch, Mannheim, Wien, Zürich, 1983, S. 633.

129) Wulf, Kulturgesellschaft, S. 57.

130) Fliedl, Ausstellungen als Massenmedium, S. 50.

131) Bazon Brock, Kultur als Wirtschaftsfaktor, Journal Panorama am 22. 1. 1990, Unveröffentl. Mitschrift von Waltraud Langer, S. 3f. (Im folg. zitiert: Brock, Kultur als Wirtschaftsfaktor.)

132) Mai, Expositionen, S. 106.

133) Ebd., S. 106f.

134) Bazon Brock weist am Beispiel der Theater darauf hin, daß etwa 80 Prozent ihrer Etats für Dienstleistungen ausgegeben werden und nur die restlichen 20 Prozent der künstlerischen Arbeit zufließen. Siehe: Brock, Kultur als Wirtschaftsfaktor, S. 2.

135) Mai, Expositionen, S. 107.

136) Johanna Ruzicka, Lockruf Habsburger, in: Der Standard am Sonntag, 14. April 1991, S. III.

137) Mai, Expositionen, S. 32f.

138) Habermas, Strukturwandel, S. 290f.

139) Mai, Expositionen, S. 108.

140) Grasskamp, Museumsgründer, S. 97.

141) Mai, Expositionen, S. 68.

142) Fliedl, Verdinglichtes Erbe, S. 68.

143) Fliedl, Ausstellungen als Massenmedium, S. 51.

144) Mattl, Pfoser, histor. Großausstellungen, S. 178.

145) Fliedl, Ausstellungen als Massenmedium, S. 51f.

146) Mai, Expositionen, S. 69f.

147) Ausstellungskatalog Die Zeit der Staufer. Geschichte. Kunst. Kultur, hg. vom Württembergischen Landesmuseum, Bd. 1, Stuttgart 1977, S. V/VI.

148) Henning Klüver, Furchtbare Waldteufel, große Europäer, in: Profil, Nr. 14, 2. 4. 1991, 22. Jg., S. 84.

149) Peter Koslowsky, Die Kulturen der Welt als Experimente richtigen Lebens. Entwurf für eine Weltausstellung, Wien 1990, S. 40. (Im folg. zitiert: Koslowsky, Kulturen der Welt.)

150) Ebd., S. 41f.

151) Michael Mitterauer, Politischer Katholizismus, Österreichbewußtsein und Türkenfeindbild. Zur Aktualisierung von Geschichte bei Jubiläen, in: Beiträge zur Historischen Sozialkunde 4/1982, S. 111–120, S. 114. (Im folg. zitiert: Mitterauer, Aktualisierung von Geschichte bei Jubiläen.)

152) Ebd., S. 114f.

153) Mattl, Pfoser, histor. Großausstellungen, S. 169.

154) Jubiläen, denen eine lineare Vorstellung von Geschichte zugrundeliegt, lösen historisch einen fixen Kanon jährlich wiederkehrender Feiern ab, bei denen sich Gruppen zyklisch ihrer gemeinsamen Abstammung, ihres Ursprungs, erinnern. Jubiläumsdaten sind im Unterschied zu einem fixen Kanon jährlich wiederkehrender Gedenktage, sehr flexibel – auch für Ausstellungsprojekte – konstruierbar. Vgl. Mitterauer, Aktualisierung von Geschichte bei Jubiläen, S. 113.

155) Ebd.

156) Fliedl, Verdinglichtes Erbe, S. 71.

157) Ebd., S. 70f.

158) Sennett, Tyrannei der Intimität, S. 204f.

159) Gorsen, Museumsgespräche, S. 190f.

160) Knödler-Bunte, Kulturgesellschaft, S. 52.

161) Wätzold, Motive, Ziele, Zwänge, S. 20.

162) Jauß, kritisches Potential ästhetischer Bildung, S. 229.

163) Koslowsky, Kulturen der Welt, S. 48.

164) Ebd., S. 48f.

165) Sennett, Tyrannei der Intimität, S. 45f.

166) Graf, Treinen, Besucher im Technischen Museum, S. 142 u. 162.

167) Ebd., S. 158f.

168) Sennett, Tyrannei der Intimität, S. 29f.

169) Ebd., S. 268f.

170) Ebd., S. 246f.

171) Graf, Treinen, Besucher im Technischen Museum, S. 32f u. S. 144f.

172) Ebd., S. 56f.

173) Ebd., S. 144f u. S. 158f.

174) Treinen, Was sucht der Besucher im Museum, S. 33f.

175) Ebd.; Klein stellt ebenfalls fest, daß die durchschnittliche Betrachtungszeit von Objekten (ca. 8 Sekunden pro Objekt) auf einer Bootsmesse und in verschiedenen Museen und Galerien die gleiche ist. Siehe: Rolf Klein, Besucherverhalten in Museen und Galerien, in: H.-H. Groppe, F. Jürgensen (Hg.), Gegenstände der Fremdheit. Museale Grenzgänge, Marburg 1989. S. 117–121, S. 119.

176) Rumpf, Spielarten der Aufmerksamkeit, S. 17.

177) Pierre Bourdieu, Elemente zu einer soziologischen Theorie der Kunstwahrnehmung, in: Ders., Zur Soziologie der symbolischen Formen, Frankfurt/Main 1983, S. 159–200, S. 199. (Im folg. zitiert: Bourdieu, soz. Theorie d. Kunstwahrnehmung.)

178) Treinen, Was sucht der Besucher im Museum, S. 29f.

179) Graf, Treinen, Besucher im Technischen Museum, S. 142 u. S. 162.

180) Sennett, Tyrannei der Intimität, S. 237f.

181) Graf, Treinen, Besucher im Technischen Museum, S. 146f.

182) Ebd., S. 12.

183) Majce, Großausstellungen, S. 70f.

184) Pierre Bourdieu, Die feinen Unterschiede. Kritik der gesellschaftlichen Urteilskraft, Frankfurt/Main 1988, S. 174. (Im folg. zitiert: Bourdieu, feine Unterschiede.)

185) Bourdieu, soz. Theorie d. Kunstwahrnehmung, S. 192.

186) Ebd., S. 182f.

187) Ebd., S. 181.

188) Bourdieu, feine Unterschiede, S. 591.

189) Bourdieu, soz. Theorie d. Kunstwahrnehmung, S. 185f.

190) Bourdieu, feine Unterschiede, S. 120f.

191) Ebd., S. 41.

192) Bourdieu, soz. Theorie d. Kunstwahrnehmung, S. 198.

193) Fliedl, Ausstellungen als Massenmedium, S. 49f.

194) Schmidt, Postmoderne, S. 86.

195) Ebd.

196) Graf, Treinen, Besucher im Technischen Museum, S. 142 u. S. 162.

197) Ebd., S. 158f.

198) Sennett, Tyrannei der Intimität, S. 254. Vgl. Jameson, Postmoderne, S. 72.

199) Ebd., S. 350f.

200) Ebd., S. 355.

201) Walter Benjamin, Über einige Motive bei Baudelaire, in: ders, Illuminationen, S. 185–229, S. 208f. (Im folg. zitiert: Benjamin, Motive bei Baudelaire.)

202) Knödler-Bunte, Kulturgesellschaft, S. 66f.

203) Ebd.

204) Mai, Expositionen, S. 90f.

205) Knödler-Bunte, Kulturgesellschaft, S. 67.

206) Sennett, Tyrannei der Intimität, S. 38.

207) Knödler-Bunte, Kulturgesellschaft, S. 72f.

208) Eco, Kultur als Spektakel, S. 181.

209) Habermas, Strukturwandel, S. 246.

210) Gorsen, Museumsgespräche, S. 194.

211) Sennett, Tyrannei der Intimität, S. 285f.

212) Fliedl, Ausstellen, S. 211.

213) Kamper, Kulturgesellschaft, S. 70.

214) Wulf, Kulturgesellschaft, S. 60.

215) Ebd., S. 61. Vgl. Gorsen, Museumsgespräche, S. 194.

216) Schmidt, Über das Ausstellen, S. 58.

217) Schmidt, Postmoderne, S. 108.

218) Rumpf, Spielarten der Aufmerksamkeit, S. 22.

219) Kapfinger, Krischanitz, Schöne Kollisionen, S. 16.

220) Roland Barthes, Mythen des Alltags, Frankfurt/Main 1964, S. 22.

Kapitel 4

1) Korff, Popularisierung des Musealen, S. 17f.

2) Korff, Roth, Einleitung, S. 22.

3) ebd.

4) Schmidt, Postmoderne, S. 34.

5) ebd.

6) Korff, Objekt und Information, S. 92.

7) Korff, Roth, Einleitung, S. 22.

8) ebd., S. 30.

9) ebd., S. 25.

10) Diese Traditionen finden sich vor allem in der deutschen Historiographie und Museologie. Vgl. Korff, Objekt und Information, S. 83f.

11) Korff, Roth, Einleitung, S. 24f.

12) Korff, Objekt und Information, S. 86f.

13) ebd., S. 89.

14) Otto Laufer, Das historische Museum. Sein Wesen und Wirken und sein Unterschied von den Kunst- und Kunstgewerbe-Museen, in: Museumskunde III, Berlin, Leipzig 1907, S. 1–14,78–99,179–185,222–245.

15) Ich gehe hier von den (späten) Schriften Benjamins aus, die in den dreißiger und vierziger Jahren entstanden sind. In diesen versuchte er sein früheres theologisches Denken, das von der jüdischen Mystik und Kabbala ausging, mit dem Denken von Marx und Freud zu verbinden. Zu den durch diese unterschiedlichen Denktraditionen auftretenden Schwierigkeiten siehe: Hans Robert Jauß, Spur und Aura (Bemerkungen zu Walter Benjamins »Passagen-Werk«), in: H. Pfeiffer, H. R. Jauß, F. Gaillard (Hg.), Art social und art industrial. Funktionen der Kunst im Zeitalter des Industrialismus, München 1987, S. 19–47. (Im folg. zitiert: Jauß, Spur und Aura.)

16) Benjamin, Motive bei Baudelaire, S. 208.

17) ebd., S. 209.

18) Ansgar Hillach, Erfahrungsverlust und »schockförmige Wahrnehmung«. Benjamins Ortsbestimmung der Wahrnehmung im Zeitalter des Hochkapitalismus, in: Alternative 132'33, 23. Jg. Juni/August 1980, Berlin 1980, S. 110–118, S. 112f. (Im folg. zitiert: Hillach, Erfahrungsverlust.)

19) Hillach, Erfahrungsverlust, S. 113.

20) Sigmund Freud, Jenseits des Lustprinzips, in: Ders., Psychologie des Unbewußten, Studienausgabe, Bd. 3, S. 217–272, S. 235.

21) Benjamin, Motive bei Baudelaire, S. 190f.

22) ebd., S. 191f.

23) ebd., S. 192.

24) ebd.

25) Hillach, Erfahrungsverlust, S. 115.

26) Marleen Stoessel, Aura. Das vergessene Menschliche. Zur Sprache und Erfahrung bei Walter Benjamin, München, Wien 1983, S. 35. (Im folg. zitiert: Stoessel, Aura.)

27) Walter Benjamin, Über den Begriff der Geschichte, in: Ders., Illuminationen, Frankfurt/Main 1977, S. 251–261, S. 255.

28) Stoessel, Aura, S. 164.

29) Walter Benjamin, Bekränzter Eingang. Zur Ausstellung »Gesunde Nerven« im Gesundheitszentrum Kreuzberg, in: Ders., Ges. Schriften, Bd. 4/1, Frankfurt/Main 1972, S. 557–561, S. 561. (Im folg. zitiert: Benjamin, Bekränzter Eingang.)

30) Jauß, Spur und Aura, S. 26.

31) Stoessel, Aura, S. 176f. Vgl. die Überlegung von Pierre Nora: »Stellt sich die Psychoanalyse auf individueller Ebene nicht dieselbe Aufgabe wie die Historie auf gesellschaftlicher: Die Befreiung von der Vergangenheit durch die aktive Ausübung des Gedächtnisses? Sind nicht dem Historiker wie dem Analytiker grundlegendes Thema und Problem: die Auswirkungen der Manipulation des Vergangenen?« Aus: Berthold Unfried. Gedächtnis und Geschichte. Pierre Nora und die lieux de mémoire, in: ÖZG (= Österreichische Zeitschrift für Geschichtswissenschaft), 2. Jg., Heft 4, Wien 1991, S. 79–98, S. 95.

32) Stoessel, Aura, S. 27 und S. 130f.

33) Walter Benjamin, Das Passagen-Werk, hg. von R. Tiedemann, Frankfurt/Main 1983, Bd. 1, S. 576. (Im folg. zitiert als: Benjamin, Passagen-Werk.)

34) Jauß, Spur und Aura, S. 27f.

35) Benjamin, Passagen-Werk, S. 273.

36) Hillach, Erfahrungsverlust, S. 118.

37) ebd., S. 115.

38) Treinen, Was sucht der Besucher im Museum, S. 37f.

39) Benjamin, Bekränzter Eingang, S. 560.

40) Walter Benjamin, Das Kunstwerk im Zeitalter seiner technischen Reproduzierbarkeit, in: Ders., Das Kunstwerk im Zeitalter seiner technischen Reproduzierbarkcit. Drei Studien zur Kunstsoziologie, Frankfurt/Main 1963, S. 7–44, S. 11. (Im folg. zitiert: Benjamin, Das Kunstwerk.)

41) ebd., S. 13.

42) ebd. S. 15.

43) Benjamin, Das Kunstwerk, S. 15.

44) Jauß, Spur und Aura, S. 24f.

45) Schmidt, Über das Ausstellen, S. 58.

46) Jauß, Spur und Aura, S. 26.

47) Korff, Objekt und Information, S. 84f.

48) Gottfried Korff, Zur Ausstellung, in: Ausstellungskatalog Preußen, Versuch einer Bilanz, hg. von G. Korff, Bd. 1, Reinbeck bei Hamburg, 1981, S. 23–28, S. 27. (Im folg. zitiert: Korff, Zur Preußen-Ausstellung.)

49) Fliedl, Verdinglichtes Erbe, S. 71f.

50) Fehr, Müllhalde oder Museum, S. 190f.

51) Treinen, Soziologie des Museumswesens, S. 336f.

52) Fehr, Authentizität der Fotografie, S. 76.

53) Auf Bewährung, S. 84f.

54) Fehr, Authentizität der Fotografie, S. 72.

55) Fehr, Aufklärung oder Verklärung, S. 110.

56) W. E. Süskind, Echt-Einmalig, in: M. Fehr (Hg.), Imitationen. Das Museum als Ort des Als-Ob, Köln 1990, S. 17–20, S. 20. (Im folg. zitiert: Süskind, Echt-Einmalig.)

57) Süskind, Echt-Einmalig, S. 17.

58) Korff, Roth, Einleitung, S. 17.

59) Korff, Objekt und Information, S. 90.

60) Gottfried Korff, Didaktik des Alltags. Hinweise zur Geschichte der Bildungskonzeption kulturhistorischer Museen, in: A. Kuhn, G. Schneider (Hg.), Geschichte lernen im Museum, Düsseldorf 1978, S. 32–48, S. 35. (Im folg. zitiert: Korff, Didaktik des Alltags.)

61) Benjamin, Das Kunstwerk, S. 12.

62) Endrödi, Zeichen von Geschichte, S. 135.

63) ebd., S. 124.

64) Arnold Esch, Überlieferungs-Chance und Überlieferungs-Zufall als methodisches Problem des Historikers, in: HZ (= Historische Zeitschrift), 240, München 1985, S. 529–570, S. 531.

65) Korff, Roth, Einleitung, S. 19.

66) Ernst, Entstellung der Historie, S. 30.

67) Korff, Roth, Einleitung, S. 17. Vgl. Korff, Popularisierung des Musealen, S. 16.

68) Jürgen Franzke, Sakral und schockierend – Die Darstellung historischer Wirklichkeit im Museum, in: J. Rüsen u. a. (Hg.), Geschichte sehen. Beiträge zur Ästhetik historischer Museen, Pfaffenweiler 1988, S. 69–81, S. 72. (Im folg. zitiert: Franzke, Sakral und schockierend.)

69) Korff, Objekt und Information, S. 90.

70) Korff, Popularisierung des Musealen, S. 16.

71) Korff, Roth, Einleitung, S. 17.

72) Fliedl, Ausstellungen als Massenmedium, Anm. 3.
73) Korff, Objekt und Information, S. 90.
74) Korff, Roth, Einleitung, S. 22f.
75) Graf, Treinen, Besucher im Technischen Museum, S. 137f.
76) Korff, Roth, Einleitung, S. 16.
77) Korff, Didaktik des Alltags, S. 39.
78) Schmidt, Postmoderne, S. 65.
79) Stoessel, Aura, S. 169.
80) Fliedl, Verdinglichtes Erbe, S. 70.
81) Maurice Halbwachs, Das Gedächtnis und seine sozialen Bedingungen, Frankfurt/Main 1985, S. 193f. (Im folg. zitiert: Halbwachs, Das Gedächtnis.)
82) ebd., S. 71f.
83) Godau, Inszenierung oder Rekonstruktion, S. 200.
84) Fischer, Architektur u. Kommunikation, S. 42.
85) ebd., S. 47.
86) ebd., S. 47
87) Halbwachs, Das Gedächtnis, S. 193f.
88) ebd., S. 194.
89) ebd., S. 200.
90) Treinen, Was sucht der Besucher im Museum, S. 34f.
91) Graf, Treinen, Besucher im Technischen Museum, S. 154f.
92) Treinen, Was sucht der Besucher im Museum, S. 34f.
93) McLuhan, Magische Kanäle, S. 216.
94) Korff, Roth, Einleitung, S. 15.
95) ebd., S. 16.
96) Ausstellungskatalog Stadt im Wandel. Kunst und Kultur des Bürgertums in Norddeutschland 1150–1160, hg. von Cord Meckseper, Bd. 1, Stuttgart 1985, S. 28. (Im folg. zitiert: Ausstellungskatalog Stadt im Wandel.)
97) Korff, Zur Preußen-Ausstellung, S. 26.
98) Endrödi, Zeichen von Geschichte, S. 135.
99) Heller, Imitationen, in: Imitationen. Das Museum als Ort des Als-Ob, hg. von M. Fehr, Köln 1990, S. 7–15, S. 14. (Im folg. zitiert: Heller, Imitationen.)
100) Korff, Roth, Einleitung, S. 19f.
101) Endrödi, Zeichen von Geschichte, S. 125.
102) Korff, Didaktik des Alltags, S. 33.
103) Godau, Inszenierung oder Rekonstruktion, S. 200. Vgl. Knödler-Bunte, Kulturgesellschaft, S. 63.
104) Korff, Roth, Einleitung, S. 22.
105) Gottfried Korff, Reinhard Rürup, Zur Ausstellung, in: Ausstellungskatalog Berlin, Berlin. Die Ausstellung zur Geschichte der Stadt, hg. von G. Korff, R. Rürup, Berlin 1987, S. 18–20, S. 19. (Im folg. zitiert: Korff, Rürup, Zur Berlin-Ausstellung.)
106) Korff, Roth, Einleitung, S. 22.
107) Bodo-Michael Baumuk, Zur Architektur der Ausstellung, in: Berlin, Berlin. Die Ausstellung zur Geschichte der Stadt, hg. von G. Korff, R. Rürup, Berlin 1987, S. 21–23, S. 21.
108) Korff, Popularisierung des Musealen, S. 19.
109) Korff, Bildung durch Bilder, S. 94.
110) Benjamin, Bekränzter Eingang, S. 560.
111) Endrödi, Zeichen von Geschichte, S. 124.
112) Korff, Objekt und Information, S. 90f., vgl. Korff, Popularisierung des Musealen, S. 18f.
113) Benjamin, Jahrmarkt des Essens, S. 529.
114) Korff, Objekt und Information, S. 91.

115) Benjamin, Das Kunstwerk, S. 39.
116) Walter Benjamin, Jahrmarkt des Essens, S. 529.
117) Stoessel, Aura, S. 164.
118) Korff, Popularisierung des Musealen, S. 18.
119) Benjamin, Passagen-Werk, S. 570.
120) Benjamin, Bekränzter Eingang, S. 561.
121) Schmidt, Postmoderne, S. 56f u. S. 135.
122) ebd., S. 134f.
123) ebd.
124) Franzke, Sakral und schockierend, S. 76.
125) Hillach, Erfahrungsverlust, S. 115 u. S. 118.
126) Fliedl, Ausstellungen als Massenmedium, S. 52.
127) Korff, Objekt und Information, S. 89f.
128) Korff, Bildung durch Bilder, S. 112.
129) Heinisch, Objekt und Struktur, S. 82.
130) McLuhan, Magische Kanäle, S. 13f. u. S. 140f.
131) Korff, Roth, Einleitung, S. 15.
132) Benjamin, Jahrmarkt des Essens, S. 527.
133) Korff, Rürup, Zur Berlin-Ausstellung, S. 19.
134) Fischer, Architektur u. Kommunikation, S. 31f.
135) Fliedel, Ausstellen, S. 199f.
136) Korff, Popularisierung des Musealen, S. 14.
137) Korff, Objekt und Information, S. 83.
138) Korff, Rürup, Zur Berlin-Ausstellung, S. 19f.
139) Korff, Popularisierung des Musealen, S. 19.
140) Benjamin, Bekränzter Eingang, S. 559
141) ebd., S. 561.
142) Korff, Roth, Einleitung, S. 28f.
143) Fliedl, Ausstellen, S. 207.
144) Gottfried Fliedl, Die Zivilisierten vor den Vitrinen, in: H.-H. Groppe, F. Jürgensen (Hg.), Gegenstände der Fremdheit. Museale Grenzgänge, Marburg 1989, S. 22–41, S. 28.
145) Jauß, Kritisches Potential ästhetischer Bildung, S. 229.
146) ebd., S. 228f.
147) ebd., S. 221f. u. S. 223.
148) Korff, Rürup, Zur Berlin-Ausstellung, S. 18f.
149) Stadt im Wandel, S. 28.
150) Fliedl, Ausstellen, S. 203.
151) Ausstellungskatalog Musée sentimentale de Cologne, Entwurf zu einem Lexikon von Reliquien und Relikten aus zwei Jahrtausenden »Köln incognito«, hg. vom Kölnischen Kunstverein, Köln 1979, S. 15.
152) Fliedl, Ausstellen, S. 207.
153) Fehr, Aufklärung oder Verklärung, S. 120f.
154) ebd., S. 122.
155) Enno Neumann, Kultspuren. Revolution, Krieg, Hunger, Barschel und Aids – eine Installation im Karl Ernst Osthaus Museum, in: M. Fehr (Hg.), Imitationen. Das Museum als Ort des Als-Ob, Köln 1990, S. 62–65, S. 62. (Im folg. zitiert: Neumann, Kultspuren.)
156) Stefan Grohé, Enno Neumann, Vom Trümmerfeld ins Wirtschaftswunderland, in: M. Fehr, St. Grohé (Hg.), Geschichte. Bild. Museum: zur Darstellung von Geschichte im Museum, Köln 1989, S. 219–245, S. 230. u. S. 236. (Im folg. zitiert: Grohé, Neumann, Trümmerfeld.)
157) Godau, Inszenierung oder Rekonstruktion, S. 207.

158) Grohé, Neumann, Trümmerfeld, S. 153.

159) Grohé, Neumann, Trümmerfeld, S. 236.

160) ebd., S. 236.

161) Neumann, Kultspuren, S. 62.

162) Grohé, Neumann, Trümmerfeld, S. 230. Vgl. Godau, Inszenierung oder Rekonstruktion, S. 208f.

163) Godau, Inszenierung oder Rekonstruktion, S. 207 u. S. 210.

164) Heinisch, Objekt und Struktur, S. 83f.

165) »Imaginär« und »Imaginieren« siehe: Duden, S. 618.

166) Karl-Josef Pazzini, »Gegenständlichkeit und sinnliche Erfahrung als Erziehungsmoment«. Zur Bedeutung der Dinge und des Umgangs damit, in: H. Liebich, W. Zacharias (Hg.), Vom Umgang mit Dingen. Ein Reader zur Museumspädagogik heute, München 1987, S. 11–18, S. 16.

167) Heinisch, Objekt und Struktur, S. 82.

168) Hoffmann, Laßt Objekte sprechen, S. 101.

169) Heinisch, Objekt und Struktur, S. 82.

170) Graf, Treinen, Besucher im Technischen Museum, S. 144f.

171) Michaud, Voir et ne pas savoir, S. 24.

172) Grohé, Neumann, Trümmerfeld, S. 238.

173) Fehr, Aufklärung oder Verklärung, S. 119.

174) Bourdieu, soz. Theorie d. Kunstwahrnehmung, S. 195 u. S. 201.

175) Michaud, Voir et ne pas savoir, S. 24f.

176) Rumpf, Spielarten der Aufmerksamkeit, S. 18.

177) Neumann, Trümmerfeld, S. 151.

178) ebd.

179) Graf, Treinen, Besucher im Technischen Museum, S. 154f.

180) Treinen, Was sucht der Besucher im Museum, S. 29f.

181) Bourdieu, Soz. Theorie d. Kunstwahrnehmung, S. 199.

182) Benjamin, Das Kunstwerk, S. 39.

183) Franzke, Sakral und schockierend, S. 76.

184) Sennett, Tyrannei der Intimität, S. 394f.

185) Franzke, Sakral und schockierend, S. 78.

186) Dieses Projekt konnte kulturpolitisch nicht durchgesetzt werden.

187) Endrödi, Zeichen von Geschichte, S. 129

188) ebd., S. 129f.

189) ebd., S. 130.

190) ebd.

191) Rumpf, Spielarten der Aufmerksamkeit, S. 23.

192) ebd., S. 21.

193) Eine solche pauschalisierende Aburteilung findet sich bei Graßkamp, Museumsgründer, S. 91.

194) Jauß, kritisches Potential ästhetischer Bildung, S. 229.

195) ebd., S. 221f. u. S. 223.

196) Huyssen, Postmoderne, S. 32.

197) ebd., S. 32.

198) Schmidt, Postmoderne, S. 65.

199) Jameson, Postmoderne, S. 61 u. S. 69f.

200) Michaud, Voir et ne pas savoir, S. 19f. Dieser »Prestigetausch« zwischen leihenden und entlehnenden Institutionen kann auch als Tausch des von Pierre Bourdieu analysierten »symbolischen Kapitals« beschrieben werden. Vgl. Pierre Bourdieu, Das symbolische Kapital, in: Ders., Sozialer Sinn. Kritik der theoretischen Vernunft, Frankfurt/Main 1987, S. 205–221. (Im folg. zitiert als: Bourdieu, symbolisches Kapital.)

201) André Malraux stellt sich die Frage, was in einem Museum unvermeidlicherweise fehlen muß:

All das, was an eine Gesamtheit gebunden ist (z. B. Glasfenster in Kirchen oder Fresken), was sich nur schwer ausbreiten läßt, wie etwa eine Folge von Wandteppichen, sowie all das, was nicht erworben werden kann. Dies, erweitert um all jenes, was nicht entliehen werden kann, gilt auch für Ausstellungsprojekte. Vgl. André Malraux, Das imaginäre Museum, Frankfurt/New York 1987, S. 10.

202) Michaud, Voir et ne pas savoir, S. 19f.
203) Dies zeigt auch, daß »symbolisches« und ökonomisches Kapital sehr wohl miteinander tauschbar sind. Vgl. Bourdieu, symbolisches Kapital, S. 216f.
204) Mitterauer, Aktualisierung von Geschichte bei Jubiläen, S. 113.
205) Michaud, Voir et ne pas savoir, S. 19f.

Literaturverzeichnis

Bundesministerium f. Wissenschaft u. Forschung (Hg.), Arbeitsberichte des Bundesministeriums für Wissenschaft und Forschung 1975–1989, Wien 1975–1989.

Roland *Barthes*, Mythen des Alltags, Frankfurt/Main 1964.

Roland *Barthes*, Die Sprache der Mode, Frankfurt/Main, 1985.

Bodo-Michael *Baumuk*, Zur Architektur der Ausstellung, in: G. Korff, R. Rürup (Hg.), Berlin, Berlin. Die Ausstellung zur Geschichte der Stadt, Berlin 1987, S. 21–23.

Walter *Benjamin*, Bekränzter Eingang. Zur Ausstellung »Gesunde Nerven« im Gesundheitszentrum Kreuzberg, in: *Ders.*, Ges. Schriften, Bd. 4/1, Frankfurt/Main 1972, S. 557–561.

Walter *Benjamin*, Jahrmarkt des Essens. Epilog zur Berliner Ernährungsausstellung, in: *Ders.*, Ges. Schriften, Bd. 4/1, Frankfurt/Main 1972, S. 527–532.

Walter *Benjamin*, Das Kunstwerk im Zeitalter seiner technischen Reproduzierbarkeit, in: *Ders.*, Das Kunstwerk im Zeitalter seiner technischen Reproduzierbarkeit. Drei Studien zur Kunstsoziologie, Frankfurt/Main 1963, S. 7–44.

Walter *Benjamin*, Das Passagen-Werk, hg. von R. *Tiedemann*, Bd. 1, Frankfurt/Main 1983.

Walter *Benjamin*, Über den Begriff der Geschichte, in: *Ders.*, Illuminationen, Frankfurt/Main 1977, S. 251–261.

Walter *Benjamin*, Über einige Motive bei Baudelaire, in: *Ders.*, Illuminationen, Frankfurt/Main 1977, S. 185–229.

B. *Graf*, H. *Treinen* (Hg.), Besucher im Technischen Museum: Zum Besucherverhalten im Dt. Museum München, Berlin 1983.

Roland *Bettschart*, Sauromania, in: Profil, Nr. 45, Wien November 1991, S. 92–96.

Hartmut *Bookmann*, Zwischen Lehrbuch und Panoptikum: Polemische Bemerkungen zu historischen Museen und Ausstellungen, in: H. *Berding* u. a. (Hg.), Geschichte und Gesellschaft. Zeitschrift für historische Sozialwissenschaften, 11. Jg., Göttingen 1985, S. 67–79.

Pierre *Bourdieu*, Die feinen Unterschiede. Kritik der gesellschaftlichen Urteilskraft, Frankfurt/Main 1988.

Pierre *Bourdieu*, Elemente zu einer soziologischen Theorie der Kunstwahrnehmung, in: *Ders.*, Zur Soziologie der symbolischen Formen, Frankfurt/Main 1983, S. 159–200.

Pierre *Bourdieu*, Das symbolische Kapital, in: *Ders.*, Sozialer Sinn. Kritik der theoretischen Vernunft, Frankfurt/Main 1987, S. 205–221.

Bazon *Brock*, Kultur als Wirtschaftsfaktor, Journal Panorama am 22. 1. 1990, Unveröffentl. Mitschrift von Waltraud *Langer*.

G. *Drosdowswky* (Hg.), Duden, Deutsches Universalwörterbuch, Mannheim, Wien, Zürich, 1983.

J. *Dubois* u. a. (Hg.), Allgemeine Rhetorik, München 1974.

Umberto *Eco*, Kultur als Spektakel, in: *Ders.*, Über Gott und die Welt. Essays und Glossen, München, Wien 1985, S. 179–185.

Umberto *Eco*, Reise ins Reich der Hyperrealität, in: *Ders.*, Über Gott und die Welt. Essays und Glossen, München, Wien 1985, S. 36–99.

Julia *Endrödi*, Die Zeichen von Geschichte – Zur Konzeptionierung einer Ausstellung im Museum Altenessen für Archäologie und Geschichte, in: J. *Rüsen* u. a. (Hg.), Geschichte sehen. Beiträge zur Ästhetik historischer Museen, Pfaffenweiler 1988, S. 124–136.

Wolfgang *Ernst*, Entstellung der Historie? – Museale Spuren(t)sicherung zwischen déjà vu und Wahrnehmungsschock, in: J. *Rüsen* u. a. (Hg.), Geschichte sehen. Beiträge zur Ästhetik historischer Museen, Pfaffenweiler 1988, S. 21–34.

Arnold *Esch*, Überlieferungs-Chance und Überlieferungs-Zufall als methodisches Problem des Historikers, in: HZ (= Historische Zeitschrift) Bd. 240, München 1985, S. 529–570.

Arlette *Farge*, Das brüchige Leben. Verführung und Aufruhr im Paris des 18. Jahrhunderts, Berlin 1989.

Michael *Fehr*, Aufklärung oder Verklärung, in: J. *Rüsen* u. a. (Hg.), Geschichte sehen. Beiträge zur Ästhetik historischer Museen, Pfaffenweiler 1988, S. 110–123.

Michael *Fehr*, Die »Authentizität der Fotografie«. Kommentar zu einem stapazierten Begriff, in: M. *Fehr* (Hg.), Imitationen. Das Museum als Ort des Als-Ob, Köln 1990, S. 66–77.

Michael *Fehr*, Müllhalde oder Museum? In: M. *Fehr*, St. *Grohé* (Hg.), Geschichte. Bild. Museum: Zur Darstellung von Geschichte im Museum, Köln 1989, S. 182–196.

Günther *Fischer*, Architektur und Kommunikation, in: G. *Fischer* u. a. (Hg.), Abschied von der Postmoderne. Beiträge zur Überwindung der Orientierungskrise, Braunschweig, Wiesbaden 1987, S. 25–51.

Gottfried *Fliedl*, Ausstellen, in: F. *Kneissl*, O. *Kapfinger* (Hg.), Dichte Packung. Architektur aus Wien, Salzburg 1989, S. 193–215.

Gottfried *Fliedl*, Ausstellungen als populistisches Massenmedium, in: E. *Knödler-Bunte* u. a. (Hg.), Ästhetik und Kommunikation. Kulturgesellschaft. Inszenierte Ereignisse, 18. Jg., Heft 67/68, Berlin 1987, S. 47–53.

Gottfried *Fliedl*, Museums- und Ausstellungspolitik: Verdinglichtes Erbe, in: Vorgänge. Zeitschrift für Bürgerrechte und Gesellschaftspolitik, Nr. 84, Weinheim 1986/6, S. 66–78.

Gottfried *Fliedl*, Die Zivilisierten vor den Vitrinen, in: H.-H. *Groppe*, F. *Jürgensen* (Hg.), Gegenstände der Fremdheit. Museale Grenzgänge, Marburg 1989, S. 22–41.

Jürgen *Franzke*, Sakral und schockierend – Die Darstellung historischer Wirklichkeit im Museum, in: J. *Rüsen* u. a. (Hg.), Geschichte sehen. Beiträge zur Ästhetik historischer Museen, Pfaffenweiler 1988, S. 69–81.

Sigmund *Freud*, Jenseits des Lustprinzips, in: *Ders.*, Psychologie des Unbewußten, Studienausgabe, Bd. 3., S. 213–272.

Sigrid *Godau*, Inszenierung oder Rekonstruktion? Zur Darstellung von Geschichte im Museum, in: M. *Fehr*, St. *Grohé* (Hg.), Geschichte. Bild. Museum: Zur Darstellung von Geschichte im Museum, Köln 1989, S. 199–211.

Interview mit Peter *Gorsen*, in: Christian *Reder*, Wiener Museumsgespräche. Über den Umgang mit Kunst und Museen, Wien 1988, S. 189–217.

Walter *Grasskamp*, Museumsgründer und Museumsstürmer. Zur Sozialgeschichte des Kunstmuseums, München 1981.

Jakob und Wilhelm *Grimm*, Deutsches Wörterbuch, Nachdruck, Bd. 1, München 1984.

Stefan *Grohé*, Enno *Neumann*, Vom Trümmerfeld ins Wirtschaftswunderland, in: M. *Fehr*, St. *Grohé* (Hg.), Geschichte. Bild. Museum: Zur Darstellung von Geschichte im Museum, Köln 1989, S. 219–245.

Jürgen *Habermas*, Moderne und postmoderne Architektur, in: W. *Welsch* (Hg.), Wege aus der Moderne. Schlüsseltexte zur Postmoderne-Diskussion, Weinheim 1988, S. 110–120.

Jürgen *Habermas*, Strukturwandel der Öffentlichkeit. Untersuchungen zu einer Kategorie der bürgerlichen Gesellschaft, Frankfurt/Main 1990.

Maurice *Halbwachs*, Das Gedächtnis und seine sozialen Bedingungen, Frankfurt/Main 1985.

Severin *Heinisch*, Objekt und Struktur – Über die Ausstellung als einen Ort der Sprache, in: J. *Rüsen* u. a. (Hg.), Geschichte sehen. Beiträge zur Ästhetik historischer Museen, Pfaffenweiler 1988, S. 82–87.

Martin *Heller*, Imitationen, in: M. *Fehr* (Hg.), Imitationen. Das Museum als Ort des Als-Ob, Köln 1990, S. 7–15.

Kai-Uwe *Hemken*, El Lissitzky. Revolution und Avantgarde, Köln 1990.

Ansgar *Hillach*, Erfahrungsverlust und »chockförmige Wahrnehmung«. Benjamins Ortsbestimmung der Wahrnehmung im Zeitalter des Hochkapitalismus, in: Alternative 132/33, 23. Jg., Berlin Juni/August 1980, S. 110–118.

Hans *Hoffer*, Besuchertheater. In: P. *Kruntorad* (Hg.), A.E.I.O.U. Mythos Gegenwart. Der österreichische Beitrag. Katalogbuch zur Ausstellung, Wien 1986, S. 37–40.

Detlef *Hoffmann*, Künstler und Wissenschaftler als Produzenten kulturhistorischer Ausstellungen? In: J. *Rüsen* u. a. (Hg.), Geschichte sehen. Beiträge zur Ästhetik historischer Museen, Pfaffenweiler 1988, S. 137–144.

Detlef *Hoffmann*, »Laßt Objekte sprechen!« Bemerkungen zu einem verhängnisvollen Irrtum, in: E. *Spickernagel*, B. *Walbe* (Hg.), Das Museum. Lernort contra Musentempel, Gießen 1979, S. 101–120.

Detlef *Hoffmann* u. a. (Hg.), Geschichte als öffentliches Ärgernis. Oder: ein Museum für die demokratische Gesellschaft, Gießen 1974.

Andreas *Huyssen*, Postmoderne – eine amerikanische Internationale? In: A. *Huyssen*, K. R. *Scherpe* (Hg.), Postmoderne. Zeichen eines kulturellen Wandels, Reinbeck bei Hamburg 1986, S. 13–44.

Frederic *Jameson*, Postmoderne – zur Logik der Kultur im Spätkapitalismus, in: A. *Huyssen*, K. R. *Scherpe* (Hg.), Postmoderne. Zeichen eines kulturellen Wandels, Reinbeck bei Hamburg 1986, S. 45–102.

Hans Robert *Jauß*, Das kritische Potential ästhetischer Bildung, in: J. *Rüsen*, E. *Lämmert*, P. *Glotz* (Hg.), Die Zukunft der Aufklärung, Frankfurt/Main 1988, S. 221–232.

Hans Robert *Jauß*, Spur und Aura (Bemerkungen zu Walter Benjamins »Passagen-Werk«), in : H. *Pfeiffer*, H.R. *Jauß*, F. *Gaillard*, Art social und art industrial. Funktionen der Kunst im Zeitalter des Industrialismus, München 1987, S. 19–47.

Charles *Jencks*, Die Sprache der postmodernen Architektur, in: W. *Welsch* (Hg.), Wege aus der Moderne. Schlüsseltexte der Postmoderne-Diskussion, Weinheim 1988, S. 85–94.

D. *Kamper*, E. *Knödler-Bunte*, M.-L. *Plessen*, Ch. *Wulf*, Tendenzen der Kulturgesellschaft. Eine Diskussion, in: E. *Knödler-Bunte* u. a. (Hg.), Ästhetik und Kommunikation. Kulturgesellschaft. Inszenierte Ereignisse, 18. Jg., Heft 67/68, Berlin 1987, S. 55–73.

Otto *Kapfinger*, Adolf *Krischanitz*, Schöne Kollisionen. Versuch über die Semantik in der Architektur von Hans Hollein am Beispiel Mönchengladbach, in: *Österr. Gesellschaft für Architektur* (Hg.), UM BAU, Nr. 8, Wien 1984. S. 5–16.

Interview mit Per *Kirkeby*, in: Kunstforum International, Bd. 25, Köln 1978, S. 110–116.

Rolf *Klein*, Besucherverhalten in Museen und Galerien, in: H.-H. *Groppe*, F. *Jürgensen* (Hg.), Gegenstände der Fremdheit. Museale Grenzgänge, Marburg 1989, S. 117–121.

H.-J. *Klein* und B. *Wüsthoff-Schäfer* (Hg.), Inszenierung an Museen und ihre Wirkung auf Besucher, Berlin 1990.

Friedrich *Kluge*, Etymologisches Wörterbuch der deutschen Sprache, Berlin, New York 1989.

Henning *Klüver*, Furchtbare Waldteufel, große Europäer, in: Profil, Nr. 14, Wien April 1991, S. 84.

Gottfried *Korff*, Zur Ausstellung, in: Ausstellungskatalog Preußen, Versuch einer Bilanz, hg. von G. *Korff*, Bd. 1, Reinbeck bei Hamburg 1981, S. 23–28.

Gottfried *Korff*, Bildung durch Bilder? Zu einigen historischen Ausstellungen, in: HZ (= Historische Zeitschrift), Bd. 244, München 1987, S. 93–113.

Gottfried *Korff*, Didaktik des Alltags. Hinweise zur Geschichte der Bildungskonzeption kulturhistorischer Museen, in: A. *Kuhn*, G. *Schneider* (Hg.), Geschichte lernen im Museum, Düsseldorf 1978, S. 32–48.

Gottfried *Korff*, Objekt und Information im Widerstreit, in: Museumskunde, Nr. 49, Berlin 1984, S. 83–93.

Gottfried *Korff*, Die Popularisierung des Musealen, in: G. *Fliedl* (Hg.), Museum als soziales Gedächtnis? Kritische Beiträge zu Museumswissenschaft und Museumspädagogik, Klagenfurt 1988, S. 9–23.

Gottfried *Korff*, Martin *Roth*, Einleitung, in: G. *Korff*, M. *Roth* (Hg.), Das historische Museum. Labor, Schaubühne, Identitätsfabrik, Frankfurt/Main, New York 1990, S. 9–37.

Gottfried *Korff*, Reinhard *Rürup*, Zur Ausstellung, in: Ausstellungskatalog Berlin, Berlin. Die Ausstellung zur Geschichte der Stadt, hg. von G. *Korff* und R. *Rürup*, Berlin 1987, S. 18–20.

Peter *Koslowsky*, Die Kulturen der Welt als Experimente richtigen Lebens. Entwurf für eine Weltausstellung, Wien 1990.

Otto *Laufer*, Das historische Museum. Sein Wesen und Wirken und sein Unterschied von den Kunst- und Kunstgewerbe-Museen, in: Museumskunde III, Berlin, Leipzig 1907, S. 1–14, 78–99, 179–185, 222–245.

J. F. *Lyotard* u. a. (Hg.), Immaterialität und Postmoderne, Berlin 1985.

Marshall *McLuhan*, Die magischen Kanäle. Understanding Media, Düsseldorf, Wien 1968.

Ekkehard *Mai*, Expositionen. Geschichte und Kritik des Ausstellungswesens, München, Berlin 1986.

Gerhard *Majce*, Großausstellungen. Ihre kulturpolitische Funktion – ihr Publikum, in: G. *Fliedl* (Hg.), Museum als soziales Gedächtnis? Kritische Beiträge zu Museumswissenschaft und Museumspädagogik, Klagenfurt 1988, S. 63–79.

André *Malraux*, Das imaginäre Museum, Frankfurt/New York 1987.

Karl *Marx*, Der Fetischcharakter der Ware und ihr Geheimnis, in: *Ders.*, Das Kapital. Kritik der politischen Ökonomie, Bd. 1, S. 85–98.

Siegfried *Mattl*, Alfred *Pfoser*, Identitätsbildung durch historische Großausstellungen, in: G. *Atzengruber* u. a.(Hg.), Ab ins Museum! Materialien zur Museumspädagogik (= Schulheft 58), Wien 1990, S. 169–190.

Günther *Metken*, Spurensicherung. Kunst als Anthropologie und Selbsterforschung. Fiktive Wissenschaften in der heutigen Kunst, Köln 1977.

Yves *Michaud*, Voir et ne pas savoir, in: Y. *Michaud* u. a. (Hg.), Les Cahiers du Musée national d'art moderne, Nr. 29, Paris automne 1989, S. 17–33.

Michael *Mitterauer*, Politischer Katholizismus, Österreichbewußtsein und Türkenfeindbild. Zur Aktualisierung von Geschichte bei Jubiläen, in: Beiträge zur Historischen Sozialkunde, Nr. 4, Wien 1982, S. 111–120.

Enno *Neumann*, Kultspuren. Revolution, Krieg, Hunger, Barschel und Aids – eine Installation im Karl Ernst Osthaus Museum, in: M. *Fehr* (Hg.), Imitationen. Das Museum als Ort des Als-Ob, Köln 1990, S. 62–65.

Enno *Neumann*, Vom Trümmerfeld ins Wirtschaftswunderland, in: J. *Rüsen* u. a. (Hg.), Geschichte sehen. Beiträge zur Ästhetik historischer Museen, Pfaffenweiler 1988, S. 145–156.

Ulrich *Paatsch*, Konzept Inszenierung. Inszenierte Ausstellungen – ein neuer Zugang für Bildung im Museum? Ein Leitfaden, hg. von der *Arbeitsgruppe für empirische Bildungsforschung*, Heidelberg 1990.

Karl-Josef *Pazzini*, »Gegenständlichkeit und sinnliche Erfahrung als Erziehungsmoment«. Zur Bedeutung der Dinge und des Umgangs damit, in: H. *Liebich*, W. *Zacharias* (Hg.), Vom Umgang mit Dingen. Ein Reader zur Museumspädagogik heute, München 1987, S. 11–18.

Marianne Pitzens Schneckenhaus. Matriarchale Gesellschafts- und Museumsentwürfe, hg. von M. *Fehr*, A. *Kuhn* (Hg.), Köln 1990.

Horst *Rumpf*, Über Spielarten der Aufmerksamkeit gegenüber unbekannten Gegenständen, in: J. *Breithaupt*, P. *Joerißen* (Hg.), Kommunikation im Museum. Dokumentation im Anschluß an die Jahrestagung der Arbeitsgemeinschaft der deutschsprechenden Mitglieder der CECA im ICOM, München 1987, S. 15–26.

Johanna *Ruzicka*, Lockruf Habsburger, in: Der Standard am Sonntag, Wien, 14. April 1991, S. III.

Richard *Sennett*, Verfall und Ende des öffentlichen Lebens. Die Tyrannei der Intimität, Frankfurt/Main 1990.

Burghart *Schmidt*, Über das Ausstellen von Kunst in postmoderner Atmosphäre, in: G. *Fliedl* (Hg.), Museum als soziales Gedächtnis? Kritische Beiträge zu Museumswissenschaft und Museumspädagogik, Klagenfurt 1988, S. 56–62.

Burghart *Schmidt*, Postmoderne – Strategien des Vergessens. Ein kritischer Bericht, Darmstadt und Neuwied 1986.

Viktoria *Schmidt-Linsenhof*, Historische Dokumentation – zehn Jahre danach, in: *Histor. Museum Frankfurt* (Hg.), Die Zukunft beginnt in der Vergangenheit. Museumsgeschichte und Geschichtsmuseum, Gießen 1982, S. 330–347.

Elke *Schmidtpeter*, Am Rande des Objekts. Unveröffentl. Manuskript eines Referates, gehalten auf der Tagung »Inszenierungen«, Hamburg, Dez. 1991.

Manfred *Schneckenburger*, Documenta. Idee und Institution. Tendenzen. Konzepte. Materialien, München 1983.

Michael *Schwarz*, Felix *Droese*. Ich habe Anne Frank umgebracht. Ein Aufstand der Zeichen, Frankfurt/Main 1988.

E. *Spickernagel*, B. *Walbe* (Hg.), Das Museum. Lernort contra Musentempel, Gießen 1979.

Marleen *Stoessel*, Aura. Das vergessene Menschliche. Zur Sprache und Erfahrung bei Walter Benjamin, München, Wien 1983.

Eva *Sturm*, Konservierte Welt. Museum und Musealisierung, Berlin 1991.

W. E. *Süskind*, Echt-Einmalig, in: M. *Fehr* (Hg.), Imitationen. Das Museum als Ort des Als-Ob, Köln 1990, S. 17–20.

Harald *Szeemann*, Individuelle Mythologien, Berlin 1885.

Harald *Szeemann*, Museum der Obsessionen, Berlin 1981.

Jan Peter *Thorbecke*, Das Ganze ist das Fremde, in: H.-H. *Groppe*, F. *Jürgensen* (Hg.), Gegenstände der Fremdheit. Museale Grenzgänge, Marburg 1989, S. 149–152.

Heiner *Treinen*, Was sucht der Besucher im Museum? In: G. *Fliedl* (Hg.), Museum als soziales Gedächnis? Kritische Beiträge zu Museumswissenschaften und Museumspädagogik, Klagenfurt 1988, S. 24–41.

Heiner *Treinen*, Ansätze zu einer Soziologie des Museumswesens, in: G. *Albrecht* (Hg.), Festschrift für René König, Köln 1973, S. 336–353.

Berthold *Unfried*, Gedächtnis und Geschichte. Pierre Nora und die lieux de mémoire, in: ÖZG (= Österreichische Zeitschrift für Geschichtswissenschaft), 2. Jg., Heft 4, Wien 1991, S. 79–98.

R. *Venturi*, D. S. *Brown*, St. *Izenour*, Lernen von Las Vegas. Zur Ikonographie und Architektursymbolik der Geschäftsstadt, Braunschweig, Wiesbaden 1979.

Stephan *Waetzold*, Motive, Ziele, Zwänge – die Ausgangslage, in: *Inst. f. Museumskunde, Berlin, staatl. Museen preußischer Kulturbesitz* (Hg.), Ausstellungen – Mittel der Politik? Ein Symposion, Berlin 1981, S. 15–23.

Kurt *Winkler*, II. documenta '59 – Kunst nach 1945, in: *Berlinische Galerie* (Hg.), Stationen der Moderne. Die bedeutenden Kunstausstellungen des 20. Jahrhunderts in Deutschland, Berlin 1988, S. 427–434.

Zeitphänomen Musealisierung. Das Verschwinden der Gegenwart und die Konstruktion der Erinnerung, hg. von W. *Zacharias*, Essen 1990.

Ausstellungskataloge

A.E.I.O.U. Mythos Gegenwart. Der österreichische Beitrag. Katalogbuch zur Ausstellung, hg. von Paul *Kruntorad*, Wien 1986.

Auf Bewährung. Ein Museum auf dem Prüfstand zeitgenössischer Kunst, hg. von *Universität Lüneburg*, Lüneburg 1991.

Berlin, Berlin. Die Ausstellung zur Geschichte der Stadt, hg. von G. *Korff*, R. *Rürup*, Berlin 1887.

Das Hypnodrom oder der Kampf zwischen Liebe und Traum im bizarren Bazar. Ein Labyrinth, hg. von den *Wiener Festwochen*, Wien 1987.

Die Bonnerinnen – Szenarien aus Geschichte und zeitgenössischer Kunst, hg. vom *Verein: frauen formen ihre stadt e.v.*, Bonn 1989.

4. documenta. Kassel '68, hg. vom *documenta-Rat*, Bd.1, Kassel 1968.

Geschichte als Widerstand. Aspekte zeitgenössischer Kunst in Frankreich, hg. von der *Städtischen Kunsthalle Düsseldorf*, Düsseldorf 1986.

Le macchine celibi, hg. von J. *Clair* und H. *Szeemann*, Venezia/Martellago 1975.

Musée sentimentale de Cologne, Entwurf zu einem Lexikon von Reliquien und Relikten aus zwei Jahrtausenden »Köln incognito«, hg. vom *Kölnischen Kunstverein*, Köln 1979.

Preußen. Versuch einer Bilanz, hg. von G. *Korff*, Bd. 1, Reinbeck bei Hamburg 1981.

Traum und Wirklichkeit. Wien 1870–1930, hg. vom *Histor. Museum der Stadt Wien*, Wien 1985.

Stadt im Wandel. Kunst und Kultur des Bürgertums in Norddeutschland 1150–1160, hg. von C. *Meckseper*, Bd. 1, Stuttgart 1985.

Mario Terzic. Historissimus. Fünf Feste zum hundertjährigen Jubiläum des Historischen Museums Frankfurt, hg. vom *Histor. Museum Frankfurt/Main*, Frankfurt/Main 1978.

Die Zeit der Staufer. Geschichte. Kunst. Kultur, hg. vom *Württembergischen Landesmuseum*, Bd. 1, Stuttgart 1977.

Abbildungsverzeichnis

Abbildung 1: Galerie im Lehnbachhaus, München.

Abbildungen 2 und 3 aus: Die Zukunft beginnt in der Vergangenheit. Museumsgeschichte und Geschichtsmuseum, hg. vom Histor. Museum Frankfurt, Gießen 1982, S. 338 u. S. 339.

Abbildungen 4, 5 und 6: Ausstellungsbüro auf Bewährung, Universität Lüneburg, D 2120 Lünburg.

Abbildung 7 aus: Ausstellungskatalog A.E.I.O.U. Mythos Gegenwart. Der österreichische Beitrag. Katalogbuch zur Ausstellung, hg. von Paul Kruntorad, Wien 1986, S. 52.

Abbildung 8: Atelier Hans Hoffer, Wien.

Abbildungen 9 und 9a: Dr. Enno Neumann, Bochum.

Abbildung 10: Atelier Hans Hollein, Wien.

Abbildung 11: Archiv des Künstlerhauses Wien.

MARIA MESNER
FRAUENSACHE?

Zur Auseinandersetzung um den
Schwangerschaftsabbruch in Österreich nach 1945

Veröffentlichungen des
Ludwig-Boltzmann-Instituts für Geschichte
der Gesellschaftswissenschaften, Bd. 23
hg. von Erika Weinzierl, Siegfried Mattl und Oliver Rathkolb
ca. 320 Seiten, 16,8 x 24,5 cm
DM 43,- / sfr 44,30 / öS. 298,-
ISBN 3-224-12800-3

Der vorliegende Band befaßt sich mit dem politischen Aspekt des Themas „Schwangerschaftsabbruch". Die Geschichte eines Gesetzes und seiner Umsetzung, die öffentliche Diskussion und die Haltung der Beteiligten werden diskutiert.

Jahrhundertelang waren die Frauen zwar die Betroffenen der gesetzlichen Normen, hatten aber keinen Einfluß darauf. In der jüngeren Vergangenheit – behandelt wird ausschließlich die Debatte in der 2. Republik – haben sich unter dynamischeren gesellschaftlichen Bedingungen die Normen gelockert; auf das gesetzliche Verbot des Schwangerschaftsabbruchs folgte die Fristenlösung. Kaum eine Gesetzesregelung hat in den letzten Jahrzehnten solche Emotionen ausgelöst wie diese.
Die Arbeit von Maria Mesner, 1993 als Dissertation approbiert, verfolgt detailliert den Verlauf des politischen Diskussionsprozesses von 1945 bis in die Gegenwart. Dabei kommen über die parteipolitischen Standpunkte hinausgehend auch die außerparlamentarischen Bewegungen und die Frage des Geschlechterverhältnisses in der Politik zur Darstellung.

ZEITGESCHICHTE

ZEITGESCHICHTE, die österreichische Fachzeitschrift für Zeit-
geschichtsforschung, wurde 1973 von Univ.-Prof. Dr. Erika
Weinzierl gegründet. Zielpublikum dieses Periodikums sind vor
allem Wissenschaftler, AHS-Lehrer und Studenten. An der Re-
daktion wirken nicht nur alle österreichischen Universitätsinsti-
tute für Zeitgeschichte mit, es werden darüber hinaus auch Beiträge aus dem Ausland publiziert. Trotz dieser Internationalisie-
rung liegt der inhaltliche Schwerpunkt weiterhin auf Themen
aus der jüngsten Vergangenheit Österreichs.
ZEITGESCHICHTE erscheint sechsmal pro Jahr; jeder Band
enthält etwa drei größere Artikel sowie Rezensionen aktueller
Fachpublikationen.

Jeder Band ca. 72 Seiten, 16,6 x 23,7 cm, broschiert
Einzelpreis: DM 10,00 / sfr 10,70 / öS.70,00
Jahresabonnement: DM 50,00/ sfr 51,50 /öS. 350,00
(alle Preise excl. Versandspesen)

J&V - Edition Wien - Dachs-Verlag
1050 Wien, Rainergasse 38
Tel. (0222) 545 82 10

Bestellungen im Verlag oder im Buchhandel